明公啟示錄

范明公解密

——從帛書《老子》看順道而行的成功學智慧

范明公著

【目錄】

【自序】

歷史上最難解讀的經典

《道德經》這部經典，是中華歷史上最難解讀的一部經。因為人類從起源到現在，經歷了非常漫長的歷史階段，而其中有很多階段是我們不瞭解甚至不知道的。朝代更迭，時過境遷，隨著事物的發展變化，現代人已經無法理解《道德經》講的是什麼，也就不知道老子為什麼要寫這一部經。

為何道德經的解讀既困難又容易？

現代人所瞭解的文明，是從有文字記載才開始的。當文字變更或者泯滅，現代人所謂的文明就不存在了。在全世界當中，有文字記載、而且文字一直延續到現在的古文明，只有中華文明。中華的文明史是上下五千年，這就意味著現代人最多只能看到五千年左右的歷史記載。

然而《道德經》出現於大約兩千五百年前，它記載的是人類文明史之前的那些歷史階段發生過的事、傳承下來的哲理、宇宙的真相以及規律。現代人要解讀兩千五百年前的經典，當然是非常困難的。但是同時，《道德經》又是最容易解讀的，因為大家都不知道它在講什麼，沒有解讀的標準，所以怎麼解讀都是對的，既不能證偽，也不能證實。

現代研究《道德經》的學者，都是以古人的批註和著書為標準。從古至今，絕大多數人都是從字面上來解讀《道德經》，分析每個字的涵義，由此來解釋全篇。但是中華的文字有一個特點，每一個字都是獨立和立體的。幾個字合到一起，看似形成了一句話，但是這句話可不只是表達了一個意思。因為每一個字都是立體的，包含了很多層涵義，所以十個字合在一起，涵義就成了十次方，就能構成一個非常廣博的世界。如果從文字這個角度去解讀，我們沒法說哪個涵義是對的，或者哪個解釋是標準的，這就是中華文字的特點。所以中華的經典是絕對不可以從字面上去解讀的。

經典的每一句話都有無窮的涵義，如果不能從字面上解讀，那應該怎麼解讀呢？從字面上解讀出來的涵義，一定是最淺顯的，一定不代表經典真實的涵義。但是經典真實的涵義，也是不可能精確地解釋出來的，因為它是有深度的，而且這個深度是層層遞進的。同樣的一部經典，每個人的解讀都完全不同，但也都是經典的涵義。《道德經》又是這一類經典的典型代表作，這就是解讀它既困難又容易的道理所在。

瞭解起源才能掌握道德經的真意

儒學則不同。為什麼稱孔子為至聖先師，廣開教化之門？因為儒學的那些經典就是要落實，就是要傳聖王之道，傳經邦濟世之學。儒學是世間的學問，讓人成為仁者，成為聖王。儒學的目的就是把天道轉化成綱常，再形成社會的倫理道德，讓大家在禮、規、制上去遵行。所以儒學容易解讀，也很容易去奉行，比如教人從孝開始一步步做起，特別適合應用。

但是像《道德經》這樣的經典，就讓人解讀時不知從何下手。大家都是從字面上解讀它，都解讀得含含糊糊。漢字是立體的，幾個字相加就是無限的涵義，廣博深邃，讓人難以窺探其中之奧秘。尤其是現代人用白話文去解讀它，就相當於把一個立體的東西鋪成了平面，甚至是把平面也變成了線。一條線不可能代表一個立體，但是我們沒有辦法，只能這樣解讀。

所以我對《道德經》的解讀，僅僅是我的一家之言，不代表《道德經》就是這個意思。《道德經》裡有太多層的意思，解讀時難就難在這裡。即使你的思想境界達到了和老子相同的高度也不行，因為老子也不一定明白《道德經》說的是什麼，他的解讀也僅僅是一知半解。

《道德經》是老子寫的，為什麼說連他都不一定懂？問題就在，《道德經》真正的起源是什麼。知道了這個答案，才能夠解讀出《道德經》裡的真相和規律，用它來指導我們現實中的人生和精神上的修行。

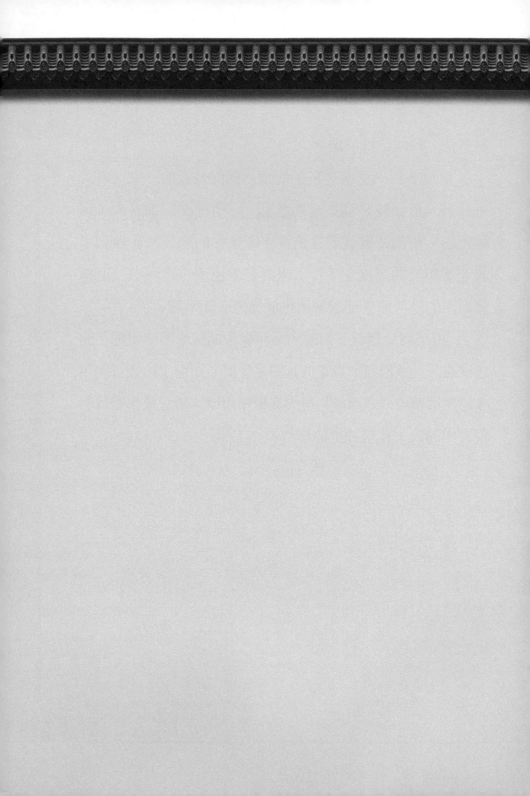

第一章

吾欲獨異於人——《道德經》第二十章

修道的人跟常人不同。有哪些不同?
他不像大家那樣地熱衷榮華富貴,
而是專心地求道,
從心態到外在舉止全符合道之規。

第一節　善之與惡，相去若何？

《道德經》第二十章

【唯其訶，其相去幾何？美與惡，其相去何若？人之所畏，亦不可以不畏，荒呵，其未央哉。眾人熙熙，若饗於大牢，若春登臺，我泊焉未兆，若嬰兒未咳。累呵，似無所歸。眾人皆有餘，我獨遺。我愚人之心也，惷惷呵！俗人昭昭，我獨昏昏呵；俗人察察，我獨閔閔呵！惚呵，其若晦；恍呵，若無所止。眾人皆有以，我獨頑且鄙。吾欲獨異於人，而貴食母。】

【唯其訶，其相去幾何？】「唯」是唯唯諾諾、應承之意；在這裡則指：對我言聽計從、對我的想法全都能認同。「訶」就是斥責、否定之意；在這裡講的也是別人對我的態度。有的人順從我、有的人排斥我、有的人尊重我、有的人鄙視我，我對這些都不在乎。所以，「其相去幾何」意思就是：別人對我的態度究竟好或不好，真會有很大的區別嗎？

聖人和凡人的區別

別人對我們的態度好還是不好，對凡人來講區別非常大，對聖人來講卻沒了區別。凡人就是沒有得道的人，會非常重視世人對待自己的態度，凡人的情緒甚至會隨著外界對他的態度和評價而產生劇烈波動。聖人是得道的人。真正得道的人明其理，能看透自身與世人之間的關係，明白世人對待自己態度的本質，因此不受外界人士對自己態度的影響。

世人對我們的評價、態度，這就是「外境」。凡人的心總是被外境牽引而波動著，聖人則不斷地引導外境，這就是凡人和聖人的區別！所以，從這點就能看出一個人的修行功夫，分辨這個人是否得道。我們修行就是要修這個！

如何做到不以物喜、不以己悲？其實，外界對我的態度也是一種「物」。真正得道的人，不會因他人對自己態度好就欣喜，也不會因別人的批評、排斥、否定、嘲笑、侮辱而憤怒或失控，這就是「不以物喜、不以己悲」。心不被外人或外物牽引，才能達到如如不動的境界。

要做到這點很不容易。第一，你得先知道這個理，明

白外人對你態度的本質是什麼；第二，光是知道還不夠，還得做到真正不受外界影響。

一切唯心所現，唯識所變

我們必須要明白一個最基本的理：在我之外沒有別人。這個理涉及宇宙自然以及人存在的真相。宇宙因人而生，意即天地因人而存在。我們每個人都是自己的宇宙的第一觀察者。因為有了我這個人，才會生成與我相關的這個宇宙，也就是天地。我能感知到的這個宇宙，當中一切的人事物其實都是我的一部分。

佛法和道法都在講這個理：我就是宇宙的唯一。佛法為什麼說「天上天下，唯我獨尊」？因為佛法最精髓之處就是唯識，也就是「一切唯心所現，唯識所變」。當我們真正通達這個理，就會知道身外無物、身外無人，一切都從我的心變幻而出。我的心造出了這個宇宙，然後又用我的五識去感知這宇宙中的萬有。這就是佛法的精髓！你能否理解和認同這個理？又，認同了這個理之後能否不走極端？只有把這兩點都做到位，才算是真正地通達這個理。

我只是眾生的一面鏡子

什麼叫做「走極端」？有些人一旦知道了這個理，就會認為：「既然宇宙都是我的心造的，那我就是宇宙之主，天上地下，唯我獨尊。我是王，我想要什麼就有什麼。」他就會開始狂妄自大，這就是走極端了。另一些人不知道這個理，可能就會覺得自己非常卑微，在宇宙當中猶如一粒微塵。極端的卑微與極端的狂妄其實都是同一回事，只是，表現出來的是兩個極端而已。所以，我們光是知道這個理還不夠，還得通達它。在做人、做事的過程中能保持一種平衡的狀態，就叫做「通達」。

既然身外無人，那麼，別人對我的態度又是怎麼回事呢？別人對我的尊重與奉承、排斥與侮辱、支持與鼓勵、衝突與損害，這一切的真相又是什麼？得道的人就會明白，別人對我的態度其實都不是針對我的言行，而是針對他自己。

這個理很難理解，得用很長的篇幅才能講明白，在這裡只能簡單講一下。

我在別人身上看到那些讓我動心的一切，其實是看到了我自己壓抑的或是不敢外露的一部分。我對別人怨恨、憤

怒、失控地發洩情緒，其實都是因為我在別人身上看到了自己不接納的、壓抑的、排斥的自我。我在別人身上看到的永遠都是自己，看到的都是自己壓抑的陰影的部分。這在禪學和現代的心理學裡面都有大量的實驗及論證。

當我們知道了這個理，就會明白別人對我的態度是怎麼回事了。如果他在我身上看到了他不敢展露的優點，他就會羨慕我。這叫做「唯」。他會感動、奉承我、崇拜我，其實是他看到了自己。如果他對我的態度非常惡劣，憤怒地否定我、排斥我甚至謾罵我，其實也是他在我身上看到了他壓抑的、不接納的自己的那一部分。

所以，別人對我的評價和態度，與我的言行並沒有太大關係。我只是眾生的一面鏡子而已，在我這面鏡子裡照出來的都是眾生各自的面貌。他們讚揚我、奉承我、順從我也好，排斥我、否定我、侮辱我也好，其實都是對他們對自己內在的一種反應。

得道之人首先是個明理之人。當真正明白了這個理，之後不論別人如何對待我，我都能做到如如不動，這就得道了。知道這個理容易，但要做到可不容易！知道和做到可不是一個境界，不是一層功夫，知易行難。

「唯其訶，其相去幾何？」你怎麼看待世人對自己的態度，你覺得「唯」與「訶」相差得很遠嗎？如果你覺得世人對你奉承、鼓勵、順從就是好，對你排斥、否定、謾罵、侮辱就是不好，認為這是兩個極端，那你就是凡人。這就是凡人的見識和行為舉止，不是得道之人。得道之人在世間必能做到寵辱不驚，毀譽如如不動，不以物喜，不以己悲。如何看待外人對我的態度，我的反應就能體現出來我的修行、修養的功夫。

中庸，就是一種修行

【美與惡，其相去何若？】「美」是我能接納的，是我認為完美的、善的，是讓我舒服的。「惡」是我討厭的、反感的、不接納的。「美與惡」代表我對外界的人事物的感受和態度。「其相去何若」，它們的區別大嗎？

返觀內心，我在現實中接觸人事物的時候是什麼樣的狀態？我喜歡「美」，喜歡美好的人事物，比如我喜歡健康、長壽、名利、尊貴、舒適、賞心悅目、被讚譽……與這

些相反的就不被我所喜，就是「惡」。從一個人對待「美與惡」的感受與態度，就能看出來他是否是得道之人。

我們要明其理，然後再去修其行，這是修行的一個功夫。我在自己對待外界的人事物的狀態和反應中修行，這就是修道的一個過程。所以，愈是修道，在內心當中或你看待外面人事物的過程中，這個「美與惡」的區別必定會愈來愈淡化。所謂的完美與不完美、善與惡、好與壞，它們的區別會愈來愈淡化，甚至沒有太清晰的邊界。如此修下去，再去看那些所謂的美的人事物，心就不會動搖，感覺就會變得很自然、很正常。看到那些所謂的惡的人事物，內心也不會那麼地激動，但仍保有分辨是非的標準。這一點我們得要清楚！修行可不是修到後面就不分是非，也不是面對善惡好壞就沒了分別，而是善惡是非在我這裡已不再有那麼大的區別。

前面講了很多，修道過程就是修掉心裡的極端，做事不走偏鋒，趨於平衡。那麼，如何不走偏鋒、趨於平衡呢？就要不斷地放下分別心。如何才能放下分別心呢？就是面對任何人事物的時候，都一定會去看它的兩面性。任何一個美好的人事物必有其反面，這就是事物的兩面性。所以，當看到美好的人事物，同時也要看到它的背面；當看到醜惡的人事物，同樣地也要看到它的背面。這樣才能保持一種基本的客觀，對人對事就不會走偏鋒，這就是一種修行。

凡人受到讚譽就高興，受到詆毀就憤怒。凡人看見完美、美好的人事物就一味地嚮往、追逐，看見不完美、醜惡的人事物就否定、排斥和攻擊。但是，修行並不會讓你愈修愈嫉惡如仇，也不會修成黑白極其分明。修道的人絕對不會呈現出善惡特別分明且必須去懲惡揚善的狀態。所以，老子透過「唯其訶，其相去幾何？美與惡，其相去何若？」這兩句話告訴我們，真正得道者所呈現的狀態必與凡人不同，甚至和凡人相反。

【人之所畏，亦不可以不畏。】別人害怕的，我同樣也害怕。但是，這句話光從字面來看並不好理解。因為，既然已經得道了，怎還會害怕呢？其實，這句話揭示的道理就是，聖人、得道者平時的表現與常人無異，並不會隨時表現出一付無所畏懼的樣子。如果別人都害怕某件事物，只有他不害怕，那麼，大家就會都依附他了。

真正得道的人，不爭人前，也不為人先。他雖異於常人，但絕不是在這方面異於常人。世人敬畏的事物，我同樣也敬畏。世人恐懼的事物，我同樣也恐懼。但是，我們要清楚，得道之人的內心其實並不會像世人那樣地恐懼。

【荒呵，其未央哉。】「荒」就是廣闊、寬闊。「其未央」就是好像沒有盡頭的樣子，讓人看不透。我不爭人前、不為人先，不會刻意地表現自己。這一點就是聖人和英雄的區別所在。有的人要做英雄或偉人，當別人恐懼的時候，他自己即使再恐懼也要表現出無所畏懼的樣子。當別人沒有方向的時候，他就會表現出一付胸有成竹向，大家只要跟著他就沒錯的樣子。這就是英雄式、偉人式的人物，但這種人可不是得道者！

得道者正好相反！得道者的內心無比廣闊、無所畏懼，但外在表現出來的卻是「和其光、同其塵」，和芸芸眾生沒什麼兩樣。得道者必不會高調張揚，絕不會表現出一付才華橫溢的樣子。你既看不出他的鋒芒，也看不到他的聰明和機變。這就是得道者在現實中的一種表現形式。

看到老子講解這些得道者的標誌，我們就會明白，在人群中無法發現真正得道者。那些能被看出鋒芒畢露或才華橫溢的，其實全都是失道者，不是得道者。所以說「成也蕭何，敗也蕭何」，這些人的成功可能源自他們的才華橫溢、鋒芒畢露、善於爭鬥、高調張揚；但是，到後來他們之所以身敗名裂，也必定是因為這些原因。短暫的成功或名利帶給他們無盡的痛苦，甚至是終生的煩惱，那能叫做「智者」嗎？反觀聖人，無所謂成功，也絕不可能失敗。因為聖人追求的是長久，這才是智慧。

第二節　修道和得道的不同表現狀態

【眾人熙熙，若饗於大牢，若春登臺。】「眾人熙熙」，世間眾生熙熙攘攘，每個人都趕著去做事，顯得特別匆忙。所以，眾人為著名來利往而熙熙攘攘，這種狀態就是「若饗於大牢」，大家都像在趕赴盛宴一樣。「若春登臺」的意思是，就像春天人們去郊遊，一片歡聲笑語。

眾人忙碌得很，就像要去參加宴會或郊遊一樣，欣喜若狂地往來奔波，這就是眾生的常態。每個人眼中都充滿希望，有人去工作，有人去約會，有人赴宴，有人遊玩，全都匆匆忙忙。眾生是這樣，那麼，我又是什麼樣？

淡泊、超然的得道狀態

【我泊焉未兆，若嬰兒未咳。】這裡的「我」代表得道之人。「泊」是淡泊。「未兆」是不知要做什麼、無動於衷的樣子。得道的人可不像眾生那樣地每日熙熙攘攘、欣喜若狂，反而很寧靜、很淡泊。

「若嬰兒未咳」的「咳」通「孩」，意思是笑。「若嬰兒未咳」，就像最純粹、本真的嬰兒還沒學會如何笑的狀態。因為，那時候的嬰兒還處於一種渾渾噩噩的狀態，他不知道自己想要什麼，也不知道自己能做些什麼。不知道要做什麼，就是「未兆」。

別人的目標都非常明確，就像正在奔著盛大宴席而去，或像結伴郊遊而行。但是，我沒有目標，不知道自己要幹什麼。離群索居、淡泊寧靜、與眾不同，這就是得道之人的狀態。得道者不被世間的名聞利養所牽動，因而不會像凡人那樣追逐所謂的名利。

世間人每日奔忙，要嘛為名，要嘛為利，各有所圖。這看似很有目標，有所期待，有所實現；其實，每個凡人都被所謂的名利牽引而成了木偶，他們的命運並沒有掌握在自己手裡。真正能從名利場脫身而出的才是得道之人。當然，還有一種人也可以從名利場中脫身出來，那就是對人生徹底絕望、頹廢的人。但是，這樣的人和得道者完全不是同個概念！總之，只有這兩種人能從名利場脫身而出，不在紅塵奔波。你要搞清楚自己到底是哪一種人。

絕大多數人都在名利場中追逐名利，熙熙攘攘，這就

是「若饗於大牢，若春登臺」的狀態。得道的人則與之相反，脫離了名利場，超然於物外，這就是「泊焉未兆，若嬰兒未咳」的狀態。

【累呵，似無所歸。】得道的人絕不會表現出意氣風發、拼搏向上、積極進取的狀態，也絕不會表現出特別抑鬱、與世隔絕的狀態。真正得道的人，表現出來的狀態就像有點疲倦懶散，悠閒似「累」。這個「累」有點疲倦的涵義，就像是做了什麼以後有點累、正在放鬆的感覺。這就是「累呵，似無所歸」，他不知道想去哪裡，也沒有什麼目標。他可能懶洋洋地坐在椅子上喝著茶，看不出有什麼進取心，也看不出意氣風發的樣子。

常人很難理解，得道的人怎會是這種狀態呢？我們在電影和電視節目看到的得道之人，都是仙風道骨、目露神光、鶴髮童顏、步履矯健。他們做事情積極進取，不知疲倦，無所畏懼。但是，老子為什麼在《道德經》這樣描述得道的人呢？

其實，真正得道的人，絕不是電影裡那種仙風道骨的狀態。電影裡那種不是得道的人，而是修道的人。修道和得道是兩個不同的概念。修道之人還在修行的過程中，由凡入聖得經過很多階段，其中有的階段就是仙風道骨，有的階段就是目露神光、步履矯健如同腳踏祥雲一般，這是過程中的一個狀態。但是，這種人只是修道的人，還沒真正得道。

真正得道的人，鋒芒和光芒都已經內斂到讓人看不出來了。從外人來看，他就像一個平常的人，甚至像個不知進取、沒有目標、休閒懶散的人。這才是真正的高人，他不會表現得驚世駭俗、神通廣大或光輝偉大，這種狀態就是「累呵，似無所歸」。

每個凡人都有歸屬，都有目標。但是，當修道修到一定程度以後，反而會變得懶懶散散、沒有目標了，這是一種狀態。

《道德經》這一段講述得道之人在現實中表現出的狀態。這樣的狀態可不是裝出來的，而是一種境界。修道達到這個境界之後，自然就會如此呈現。如果不是這樣的話，肯定就是還沒達到這個境界。

不追逐名利權勢的心態

【眾人皆有餘，我獨遺。】如果從字面來理解「有餘」，就是世人都有餘，多積累，很富足，比如財有餘、情有餘、愛有餘、力量有餘。而「我獨遺」則是指，只有我好像總有缺憾或遺憾，總是比別人差一些。

別人有豪華別墅，我卻只有一間公寓。別人有豪車，我卻只有一輛普通的車。別人有一輩子花不完的存款，我總覺得手頭的錢不太夠花。別人有愛情、有幸福，生活很美好，但我總覺得自己人生好像缺點什麼，總是不夠的樣子。這也是得道之人的一個狀態。

眾人為了「有餘」而每日奔忙，追求更多的「餘」。有財富的人想要擁有更多的財，有權勢的人想要掌握更大的權，有美女的人想要得到更多的美女……，凡人對一切都想要得到更多。只有我淡泊寧靜，不去追逐世間一切名利。

「我獨遺」意指我跟別人不一樣，這是聖人或得道者的狀態。我們要清楚一項事實，得道者未必就沒名沒利、貧寒卑下、無權無勢。這裡講述的是得道者的一種狀態和態度。得道者不追求名利權勢等物，因此不會像眾人那樣地總是想積累得更多。

眾人每天為了名利去奔波，即使得到再多仍覺得不夠。因為看透這個道理，於是我就留著遺憾，不為這些名利去奔波，不去下太多功夫，不做過多的事，這就叫做「我獨遺」。

但是，得道者不去有意地做，並不代表他沒有做。真正得道的人若想得到世間的名聞利養，那是太容易了！這裡講的只是一種不為名利去奔勞的態度。

大智若愚的得道境界

【我愚人之心也，惷惷呵。】在世人看來，得道者顯得愚昧、不開竅。因為不為自己逐利，不想讓自己利益變得最大化，所以在別人眼中看來迂腐得很、愚蠢得很，這就是「我愚人之心也」。

其實，得道的人就甘於這種「愚人之心」，這個「愚」就是混沌無知、不精明、不機巧。「惷惷呵」就是沒有目標，整天昏昏沉沉的，不知在想什麼，無所事事的樣子。得道的人就是這個狀態。

想一想你平時都是什麼狀態？你表現出來才華橫溢、聰明伶俐、精明機巧，那不過是眾生的狀態，和得道者的境界相差甚遠。現實中，你敢像得道者這麼做嗎？你能做到嗎？

《道德經》告訴我們，得道者的狀態就是大智若愚、大巧若拙，不要世間的名聞利養。所以，在世間的人看來，這人如此蠢，天天無所事事，總像很疲憊的樣子，優哉遊哉的休息還休息不夠似的。世人看他不像聖人，倒像個廢人。其實，這就對了！這就是得道者的境界。

【俗人昭昭，我獨昏昏呵。】「昭昭」就是昭然若揭，無論看什麼都能一眼就看透，一付很精明的樣子，這是俗人的狀態。「我獨昏昏呵」，只有我渾渾噩噩，看不清也看不透，就連是非好像都分不太清楚。「昭昭」還有另外一層涵義：光明、光耀。俗人穿著亮眼，一身名牌，開著豪車，住著豪宅，天天自炫。自炫者光耀於外，這也叫做「昭昭」。而得道的人（我）卻對這些事物昏昏昧昧，不懂得如何表現自己，也不會自我炫耀，半點鋒芒都不外露。這就是「俗人昭昭，我獨昏昏呵」。

【俗人察察，我獨悶悶呵】。「察察」就是善於觀察，精於算計，這是俗人的狀態。「我獨悶悶呵」，得道的人（我）卻好像對什麼都無所識別，就像茫茫無邊的那種感覺。簡單地說，老子在這裡描述的聖人，在世人眼光裡就是個傻子，就是個廢人。

【惚呵，其若晦；恍呵，若無所止。】「惚」是恍恍惚惚的狀態。「晦」是黑暗，沒有光明的樣子。「惚呵，其若晦，恍呵，若無所止」。雖然在這種人身上好像看不到什麼希望、很難看到什麼亮點，但又能感覺這個人似乎無邊無際、深不見底，並不是真正的廢人，也沒有那種對紅塵絕望之後的頹廢感。

【眾人皆有以，我獨頑且鄙】。「以」就是作為，知道自己要做什麼，有所作為。眾人皆有所作為，好像全充滿著希望，都知道自己的目標，每天都很充實，這叫做「有以」。「鄙」則是令人鄙視。「頑」就是，再怎麼講他也聽不懂，頑固不化的樣子。「我獨頑且鄙」就是說，只有我與眾不同，顯得愚昧而笨拙。得道的人就是這個樣子！不管再如何苦口婆心地勸說他要奮進拼搏、積累財富，這

個人總是頑固得很，顯現出一付愚昧笨拙、令人鄙夷的樣子。

想得道，必須先割捨

【吾欲獨異於人，而貴食母。】前面描述這麼多，最後說的這句「吾欲獨異於人」意思就是，我就是有意地要與眾不同。世間的名聞利養、美滿幸福，我都不要。那我要什麼？「吾欲獨異於人，而貴食母」。

「食母」就是生命之母。之前面講過很多次，生命是由道化生而來，一切都歸於道。得道者跟別人不一樣，不要世間所謂的名聞利養，只要與道同在，這叫做「貴」。

或許有人會說：「追求道，就不能同時追求財富嗎？就不能再追求俗世間的一切嗎？」如果你什麼都想要，既要世間的名聞利養、榮華富貴，又想要出世間的與道同在，這怎麼可能做得到呢？人生若白駒之過隙，在恍惚之間就過去了，每個人的精力和時間都是有限的，顧此則失彼。如果把精力放在世間的名聞利養，就不可能有時間去修道，因此就絕不可能得道。歷史上所有的得道者，都必定是放下了紅塵中的一切去專心修道。即使這樣做，能修成的仍是鳳毛麟角。何況你還想一心多用，既貪戀世間的榮華富貴，又希望能得道，這怎麼可能呢？

所以，要想得道就必須先有捨。捨的就是世間的名聞利養、榮華富貴。不捨，絕不可能得！但是，我們也不要從一個極端走到另一個極端了。一說捨就把一切都拋棄了，可不是這個理！這裡說的捨，是不去追求、不去執著，可不代表全都沒有。

老子對於尚未修道的眾生的表現，與得道者的表現，做了很多對比。他告訴我們，在世間應該用什麼樣的狀態來修道，我們要往這個境界去昇華。修道者應該放下分別，看清自我的真相。

修正道的正確心態

解讀了二十章，你可能會特別嚮往得道和昇華，甚至是解脫生死。但是，你要先想一想，自己耐得了寂寞嗎？自己能夠脫離俗人對於世間利益、富貴榮華的渴望和追逐嗎？

大家都在往前跑，看見了世間的榮華富貴就蜂擁而至。

這就是「眾人熙熙，若饗於大牢，若春登臺」，就像是參加大的聚會或者去春遊一樣，興高采烈地奔向那裡。以前的你就是憑著這種慣性，和眾生一樣地追逐著世間的榮華富貴。你總想著榮華富貴在眼前，要比別人快一步才能得到。你不停地觀察哪裡有榮華富貴，哪裡有機會。你天天都有目標，活得特別充實。你從來就沒有止歇過一刻，哪怕在睡夢中都還夢見這種慣性追逐。

但是，現在要修道了，就必須停下這個腳步。一旦停下了追逐世間榮華富貴的腳步，你就異於常人了。先停住，然後再觀察自己想追逐的目標在哪裡。要得道的真正目標絕不會是金光閃爍的，它會是一片清淨祥和的狀態，既沒有絢爛多彩，也沒有跌宕起伏的精彩。它就像一片幽靜山谷，一般人不曉得原來也可以朝那裡前進。

眾人追逐的都是光明、絢爛與精采。你想要的卻是道，而道在寧靜處、在淡泊名利處。當你停住追逐榮華富貴的腳步，靜了下來，就能看見道的光芒其實就在不遠處。寧靜致遠的意思就是，寧靜下來才能達到無比遙遠之處。當你和眾人一樣去追逐世間的榮華富貴，你離道是遙不可及的。

但是，一旦停下來，寧靜下來，道就在你身邊。

當你得道之後，就會表現出這些狀態：「泊焉未兆，若嬰兒未咳」；「累呵，似無所歸」；「我獨遺」；「我愚人之心也，惷惷呵」；「我獨昏昏呵」；「我獨閔閔呵」；「其若晦」；「若無所止」；「我獨頑且鄙」。以上也是人在停止追逐世間的名聞利養之後，專注求道的狀態。只有隨時都與道同在的時候，才能真正地走上修行的正路，然後不斷地積功累德地修下去，總有一天能搆得道。這就是你真正想要的，也是修行人唯一的修道正途。

老子揭示了修行人在世間的表現狀態。想要修道的人，請你衡量自己是否還差得很遠？能否耐得住修道的寂寞？能否放得下榮華富貴？還有，請務必記住最後這一句「吾欲獨異於人，而貴食母」，這就是本章給我們的提示。

第二章

孔德之容，惟道是從
——《道德經》第二十一章

修道要從哪裡修？要怎麼修？
這章告訴我們：要放下分別，
然後靜定，然後守神，
最後，在惚恍混沌之中感受道。

第一節　道之為物，惟恍惟惚

《道德經》第二十一章

【孔德之容，惟道是從。道之為物，惟恍惟惚。惚呵恍呵，中有象呵；恍呵惚呵，中有物呵。窈呵冥呵，中有精呵。其精甚真，其中有信。自今及古，其名不去，以順眾父。吾何以知眾父之然也？以此。】

這章的內容和上一章是有關聯的。上一章告訴我們，修道者在現實中要與眾不同，其實就是讓我們做到以下幾點：

第一、要做到少私寡欲。這個私就是自私。少私寡欲，就是捨棄世間的名聞利養。

第二、要做到安於愚樸。意思就是，我安得下來，我對世間之事就是這麼蠢（無動於衷）。

第三、要做到知榮守辱。收斂光芒，將心力全都用在「以貴食母」，我隨時都與道同在。

如果能做到隨時與道同在，那會達到什麼樣的修行境界呢？為什麼修道的人要寧靜淡泊？第二十一章就告訴我們，道到底是什麼，修道要從哪裡起修，要怎麼修。

德是道在世間的呈現

【孔德之容，惟道是從。】這個「德」是在道之下，也叫做「道為體，德為用」。因道而生德，德就是無形之道在現實中應用的框架和標準，稱為「綱常」。從道是德，凡是遵從道的運行規律的行為、舉止與言談，就叫做德。道是無形無象，但又有恆常不變之規。德就是道在世間的投射，它是道的呈現。德看似虛無，其實有其標準，而且並不是簡單地以善惡、好壞或美醜為標準。

「孔」字通「空」。「空」，空曠代表廣大。「孔德」就是大到沒有邊界的德行，這是最大的德。「孔德之容」，這樣的德能包容一切，在現實中代表大道。其實，所謂的「德」就是有形有相的，已經有了標準和邊界，不像道是無形無象的。「孔德」是廣大的德，可以包容一切。這個包容一切、最大的德是如何產生的呢？「惟道是從」。這個德愈順從道的運行規律，它就愈是廣大無垠、包容一切。道在這裡就落地了。《道德經》第二十一章就在闡述道是怎麼落地的，以及我們如何在現實中尋找這個道，去接近、領悟並感知這個道。

如何從大道慢慢地墮落

【道之為物，惟恍惟惚。】道有了物，就不再是那個恆常的道了。所以，這裡講的「道之為物」就已化為「德」了。「道之為物」即是「德」。德是有物，也就是有標準。我們藉由遵守這個德，再反向地去追求那個道。

如何在德的框架之下去感知那個道、去回歸那個道？答案就是有物。人就是物，山河大地、日月星辰也都是物。既然人已經成物了，也就是成形了；那麼，要怎麼去感受那個道呢？老子告訴我們「道之為物，惟恍惟惚」，只有處於這種恍恍惚惚的狀態才能接近道。

為什麼要恍惚？因為道已經成形、落地為德了，德是有標準的。如果順著道落地成形為德的方向再往下繼續演化，那會怎麼演化呢？德剛成形的時候廣闊無垠，能包容一切，這就是「孔德」。再往下演化，「孔德」就變成大德了；大德往下演化就變成中德；中德往下演化就變成小德；小德再往下演化就變成缺德。這樣，德就一點點地沒有了，就轉變成仁的狀態。

仁的狀態，一開始也是孔仁，就是空曠無垠且能包容一切的仁。然後再由孔仁變成大仁，再變成中仁，再變成小仁；最後，無仁就變成了義。

道、德、仁、義、禮、智、信，就是這樣地愈來愈往下、愈來愈墮落。

道是最高的境界。無形無象，盡虛空遍法界，廣大又無垠。那，道是怎麼落地成為德的呢？就是一念無明，一起了分別心就有了德。有了德就會有無德，這就是有了分別。「孔德」代表廣大的德，但是，即使「孔德」再廣大無垠也還是有邊界。如果這個德完全沒了邊界，那才是道。

在德的邊界之外的就是無德，這就是有分別。隨著分別心愈來愈重，德的範圍就愈來愈小，而無德的範圍就愈來愈大。愈是分別，就愈會導致分裂與衝突，而德也會漸漸地變成了缺德。到了無德的程度就下降到仁的層次。到了仁的時候，分別心比德就更強了；到義的時候，分別心則是比仁更強……，分別心愈來愈強。到禮的時候，就完全是從形（外在）來分別了，誠敬、守規矩就是有禮。仁和義的時候還能要求內心，到禮的時候就已經無法管內心了，只能從形來要求。由道不斷地向下墮落，都是因為分別心。愈分別就愈分

裂，然後才是愈來愈墮落。

人為什麼要修道？就是不想持續地向下墮落，我們要向上昇華，再回去接近道。愈分別、愈墮落，離家就愈遠。

修行是逆向的回歸過程

古今中外的修行都被喻為「回家之路」，也叫做「歸處」。經典告訴我們如何找到回家的路，也就是如何向上昇華、接近道的方法。比如說，我現在的修為在禮這個階段，也就是說，我還無法控制內心世界，但我能守住外在的禮規和道德倫理。那麼，我修道的方向就要先昇華到義，然後從義昇華到仁，從仁再昇華到德。若從德再昇華上去，那就能接近道，我也就修成了。

修行其實就是一個逆著來的過程。本來是無形無象的大道，後來變得有形（成物），就變成了德；接著，又從德來到了仁，再到義，現在來到了禮。人之所以這樣地墮落，是因為分別心太重。為何會分別心太重？其實就是自己一直被欲望操縱，成了欲望的奴隸。佛法講的欲望，是最基本的五欲：財、色、名、食、睡。道法跟佛法說的是同一回事。

因為對五欲（財、色、名、食、睡）的無盡追求，才會被欲望所奴役。然後，又因為不斷地追逐欲望，進而加速了自我的分裂。當人愈來愈執著欲望的時候，就會更加追逐欲望以獲得滿足，得不到的時候就會變得更加痛苦。這樣不斷地循環下去，人心就會愈來愈分裂、愈來愈墮落，離道也就愈來愈遠了。

那麼，怎麼能回去大道的狀態？就要逆著來。我因為有了這個身體而產生欲望，欲望在世間的表現形式就是榮華富貴、名聞利養。所以，要得道就得先要停下在世間追逐欲望的腳步，放下內心的分別並看淡它，這就是「少私寡欲」。

這段內容與上一章有著直接聯繫。得道者為什麼要與眾不同？因為眾人都在追逐欲望、都在滿足欲望的路上狂奔——其實，這些行為都在奔向地獄。現在我要修道了，就得先停下這些奔向地獄的腳步，不再追求世間的名聞利養和榮華富貴。但是，一旦停下這些行為，在現實中就會好像沒了目標，沒有牽引也就沒有執著了。要追求道，光是停下腳步還不夠，還得轉身往回走！這才是找到回家的路，返歸大道的正途。

惟恍惟惚，放下分別

眾人奔的是那個目標，修道者卻獨自異於眾人，和眾生相反地停下追逐的腳步，逆流而上。那麼，在現實中，這樣的修道者會有怎樣的表現？放下分別。放下分別，就沒有了目標和期待。所以，老子描述修道者的狀態是「惟恍惟惚」，因為恍恍惚惚也意指判斷不那麼地明確。

在修道之前是「俗人昭昭」、「俗人察察」的狀態——觀察力特別強，精於算計、才華橫溢、光芒外露，特別善於自炫自耀。現在要將光芒收回，要放下那份「察察」之心，不再那麼精明了，甚至顯得愚拙。之所以愚，可不是因為看不見，而是不想往那兒看了。在修道之前，只要是看見一個機會就能立刻抓住，然後搶在別人之前掙到錢、博得名聲。現在修道了，也就放下了追逐世間榮華富貴的心，轉而將那種觀察入微的能力運用在如何接近道的上面、用在怎樣昇華的上面。在這種狀態之下，我的表現必定是恍恍惚惚、昏昏沉沉的，這就是放下分別的一種表現。

而道又該在哪裡尋找呢？道可不是你特別清醒就能見著的。道本身就是混沌似無一物，但又無所不包、有著無限的可能。你得按照跟道相同的狀態去尋找這個道，不能反著來！所以必須要「惟恍惟惚」才能一點一滴地感覺到「道的消息」。如果無法放下對世間之物的追逐，就永遠停不下那個追逐的腳步，也就永遠都無法體會到什麼叫做「道的消息」。這就是「道之為物，惟恍惟惚」，要想修道，就必須先進入這種恍惚的狀態。

打坐，坐的是心

有的人說：「老師，我一打坐就能進入恍惚的狀態。」才不是那麼回事！你打坐能打多久啊？你打坐兩小時，好像已經進入恍惚的狀態了；但是，你一下坐了，是不是立刻又去追逐名聞利養與榮華富貴？整天在滾滾紅塵中追逐名利，光靠一天打那兩小時的坐又有什麼用？要知道，這裡講的「惟恍惟惚」，是平常隨時都處於這個狀態，哪有上坐下坐之分？可別以為「惟恍惟惚」就是定！只要你放不下這世間的榮華富貴，你的腳步從沒有止歇過。別說打坐了，每天光是在夢境裡，你都在追逐名利和美色，你隨時都被欲望牽引著拉向深淵，怎能感受到那個道的消息呢？

老子告訴我們，在現實中修道應該抱持什麼樣的態度、形成什麼樣的慣性，然後就能達到什麼樣的狀態。一直保持這樣的狀態，這才是修行，這才是所謂的打坐。

打坐，坐的不是形體，坐的是心。先把心收住！要想修道，精神內守才是第一位。守的是神而不是榮華富貴。但是，我們的心卻全都在外面飄著，四處追逐名利與美色，天天心馳神往。即使在打坐和睡眠的時候，身體靜下來了，但是，外逐之心卻從未止歇，從來就沒有一刻去守住自己的神。

靜定之後才能精神內守

真正的修行該怎麼修？老子告訴我們，少私寡欲、安於愚朴、知榮守辱。從這三點開始起修，這就是打坐。修到一定程度以後，心才能一點點地止歇，才能安得下來，才能安在自己身上。這就是心所安處恆安樂。只有把心放在自己身上，才能一點一點地感覺到內心真正地安了下來，如此才能體會道樂。

先把形靜下來，再把心安下來，方能做到精神內守。精神內守在現實中的狀態就是上一章提到的「我泊焉未兆，若嬰兒未咳」；「累呵，似無所歸」；「我獨遺」；「我愚人之心也，惷惷呵」；「我獨昏昏」；「我獨閔閔」；「惚呵，其若晦」；「恍呵，若無所止」；「眾人皆有以，我獨頑且鄙」。這就是安於愚樸，然後才能達到「惟恍惟惚」的狀態，這才是真正的修行。

真正修道的人，每天要修的就是放下對世間欲望的追逐，靜下心來。只要心能靜得下來，就能時時刻刻都與道同在。獨立守神就是修道的入門。這樣修一段時間的話，就會自然而然地進入到一種恍恍惚惚的狀態。這種狀態就是似醒非醒、似睡非睡，好像不是那麼清明，目標也不那麼明確。這種渾渾噩噩、混混沌沌的狀態，本身就接近道了。所以說「道之為物，惟恍惟惚」，我們只有在這種狀態下才能體會出道到底是什麼。然而，這種體會是無法用語言描述的。

第二節　道是象、物、精、真、信

【惚呵恍呵，中有象呵。】「惚呵恍呵」的意思就是，在這種混混沌沌的狀態下。當我們在現實中放下了追逐的目標，放下了分別，內心趨向清靜淡泊的時候，反而能感受到一些東西，這就是前面講的「道之為物」。道雖然是虛無縹緲、無邊無際、無形無象的，但它絕不是無、絕不是空，更不是什麼都沒有。

只有無為才能感知到道

只有在無為的狀態下，才能感知到那個道是真實存在的。這就叫做「惚呵恍呵，中有象呵」。這個「象」字就是道，是我們能感知到的那個「物」，老子用一個「象」字來表達。象而非象，道本身是無形無象的。有形才有象，沒有形哪來的象？那麼，到底該用什麼字詞來表示道？老子在這裡勉為其難地使用了「象」、「物」、「精」「真」這四個字來表示。

道是無形的，但，道卻也是無形而有「象」、無形而有「物」、無形而有「精」、無形而有「信」。道，就是一種存在！當我們不斷地修煉並一直處於這種「惟恍惟惚」的狀態，就能體會道到底是什麼樣的感受。

這個「象」字就是重點。如果不知道什麼叫做「象」、感受不到它，那你就還尚未入道門，離道甚遠。學中醫的人若不知什麼是「象」、不知該到哪兒去找這個「象」，感受不到「象」也不知在找到「象」之後該怎麼應用；那麼，學了中醫也沒法入門。中醫又叫做「藏象學」，藏在內部的「象」。「象」在這裡就代表道，是道的一種呈現。找到「象」，基本上就能摸到那個道了。找不到「象」，那就無法得知「玄牝之門」在哪裡。打不開「玄牝之門」，就永遠不知道那個道到底是什麼。如果找不到道，感知不到它，那麼，就永遠也用不了它。

僅是理解在語言、文字的道是無意義的；因為，不能運用道就沒法做到「無不為」。為何《道德經》一直在講「無為而無不為」、「為無為則無不治」？因為，只有在「無為」的狀態下，才能感受到那個道，才能找得到那個道，才能運用那個道，進而做到「無不為」和「無不治」。

「無為」在現實中的表現狀態就是「惚呵恍呵」。老子告訴我們，得道之人在現實中表現出來的形式和狀態必然是這樣的。

【恍呵惚呵，中有物呵。】前面是「象」，後面是「物」，兩者說的都是一回事，只是用詞不同。這句話告訴我們，所謂的「象」是一種客觀存在，它是個「物」，而所謂的「物」就有了形。

只有守住才能長生久視

【窈呵冥呵，中有精呵。】窈窈冥冥，講的也是這種無為、恍惚、混沌的狀態。「精」是什麼？精聚而生氣，氣凝而成形。人這個形就是由氣凝聚而來的。古人把構成現實世界有形之物的最基本粒子稱為氣。現在的量子物理學則把構成萬事萬物最基本的粒子稱為量子。其實，量子和古人說的氣是相同概念，只是用的名詞不同。氣分為陰陽二氣，粒子也分為陰陽粒子。陰陽二氣流轉，透過不同的排列組合而形成了有形之物。

氣從哪裡來？氣由「精」生成。所謂的「精」就是一種最精微的、無形無象的存在，「精」比物質最基本單位的粒子還要小。「精」是一種能量，是一種波，是一種頻率。精不為物，我們不能說精就是一個東西。精為物之先，煉精而化氣，聚氣而成形。當我真正修到這種窈窈冥冥的狀態，就能感受到「精」的存在。只有在這種狀態底下，我的「精」才會聚，不會散。

「精」字通「神」，也就是精神的意思。修道就是要修這種無為、恍惚的狀態，也就是心不外馳的狀態。心一旦向外追逐，就會帶著神出去。神一出去，耗散的就是「精」。「精」是構成生命體最根本的活力。心馳而神往，「精」就會隨神而耗散，就守不住了。如此一來，人的身體就會隨著時間流逝地由壯而衰、由衰而老，最後進入空亡的狀態，這是一個自然的過程。所以，人的壽命很短，所謂的長壽也不過是百歲左右而已。

《黃帝內經》告訴我們，上古之人的正常壽命是「度百歲乃去」，也就是至少活上一百歲，多了到幾百歲都有可能。但是，這所謂的正常是在循乎自然、法於陰陽、和於術數的情況下才能度百歲而去。

怎麼做到這一點呢？《黃帝內經》告訴我們，長生的方法就是「獨立守神，肌肉若一」。這和《道德經》說的方法其實是一樣的，都是精神內守。向內守才能做到精、氣、神凝聚而充足。不向外耗散，收得住，守得住，才能長生久視。

要做到精神內守、獨立守神，其實就是心不向外馳。心不外馳、神不外往，就守得住了，這就叫做「內守」，是修行之道。但是，內守要有方法，可不是說只要放下欲望和世間一切目標就是精神內守了。有些人從生到死的每一天都只是活著而已，衣食住行都很簡單，沒有什麼大目標，也沒有太多的想法和欲望。這種人看似無為、看似少私寡欲，但這種狀態可不算是精神內守、獨立守神。既沒有目標也沒有希望地活著，就叫做「行屍走肉。這種人沒有方法，只是個普通人而已，可不是得道的人。

無形的精是確切的存在

精神內守是有具體操作方法的。必須按照正確方法且每天修煉，才是修道；每天持續修道，最後才能得到道。在

《道德經》及所有經典都不可能直接寫出修道方法；因為，經典一旦寫出來就會成了理。

其實，《道德經》是寫給內行人看的！入了修道之門的人看見《道德經》寫的這些就能會心一笑。為什麼？因為他知道這是什麼境界。按照這個方法去練，確實就會獲致這個境界。而且，修道的人知道「象」是什麼，也知道什麼叫做「物」、什麼叫做「精」、什麼叫做「真」、什麼是「信」。

【其精甚真，其中有信。】「精」就是「真」，「其精甚真」。「真」在這裡的意思跟「物」有點接近，都是真實的存在。至於「精」和「神」，則不是有形之物，但它們可不是妄想出來的。「其精甚真」意思就是，雖然我們摸不著也看不到，但「精」卻是真實的存在。「信」則是有驗證的意思。「其中有信」，這些都是有驗證的。

「其精甚真，其中有信」是行話，只有內行人能看懂這段寫的是什麼。外行人只能從字面去理解，看了就只是看過而已，無法從中得知該如何去感受「精」，也不知道「真」在哪裡，更不曉得要從哪兒去驗證。

神守精足，才能煉氣、結金丹

這一篇詳細描述了修道過程：精聚而成氣，由氣而成形。

精聚了，不僅僅是成氣、成形而已，修到後面還能生出金丹，所以修道也稱為金丹大道。煉精化氣，是因為有一部分的精化成了氣。精滿還會自溢，金丹就是由精凝聚轉化而成的。這裡要注意，所謂「精滿自溢」，指的可不是陽精。

由精而成人，那是因為精化成氣才能成人。

神守住了，精就足。精足以後，就能化氣成人以外的部分，就能結成金丹。有了金丹，人才一點一點地積累、凝聚陰形。陰形即是神。

這就是驗證，這就叫做「信」。所以，書上寫說修金丹，這都是真的。只不過，讀的人未遇明師、不得真傳，不知道怎麼練而已。

修道，名雖異，理皆同

【自今及古，其名不去，以順眾父。】「眾父」是道的別稱。「以順眾父」就是順道而行，「惟道是從」。

修道的正路只有這一條，沒有第二條！所以，自古以來，無數的丹經（註）都是從各個角度告訴我們怎麼遵從道的規則，返樸歸真，真中有「信」。從古至今說的就是這個理，不管用什麼語言來描述都不離這個意思，這就是「其名不去，以順眾父」。

【吾何以知眾父之然也？以此。】怎樣才能得知什麼是大道呈現的規律？怎樣才能感知道？怎樣才能接近道？其實，老子在這裡說得非常透徹——「以此」，沒有別的辦法，就是這個辦法！

從修行來講，儒釋道雖是其名不同，但其理卻不異，說的都是同一回事。儒家講格物，佛家說涅槃，道家要歸於道，但修行方法不二，這就叫做「其理不異」。不論稱為何名，修的方法都是同一個，這就是「惟道是從」。

老子在這裡講得很透徹，但卻沒教我們方法。佛家的千經萬論同樣也沒教方法，都只是給描述而已。儒家的十三經也沒教方法，只是講述如何格物而致良知，致良知而後誠意，意誠而後心正，心正了之後才是修身、齊家、治國、平天下之道。但是十三經可沒講述該怎麼去格物。

＊註：丹經，道家經典的別稱。

不是模仿外徵就能修道

儒釋道都沒教具體的修煉方法，都只是在描述你要怎麼做而已。但是，照著精典裡面寫的去做了，就能得道嗎？比如《道德經》第二十章和二十一章講，人在現實中應該要少私寡欲、安於愚昧，時時刻刻處於一種無知無覺、恍恍惚惚的狀態。但那僅僅是個形式！《道德經》描述的是，真正得了道的人自然展現出的一種狀態。所以，要修道的人可不能反過來去追求那個形。

如果只是按照那個形去做——放下世間的一切，不追逐、不夢想、不爭奪、不佔有、不控制，保持所謂的「愚人之心，惷惷呵」，鎮日恍恍惚惚、混混沌沌，隨時都像睡不醒似的。但是，沒有掌握住修道的方法，怎能做到守神？所以，即使是把這個形學得再像，也永遠得不了道。修道，就必須要有得道之明師指點，教你方法，這才是精髓。這樣才真正做到精神內守、獨立守神。

任何經典都絕不可能直白的把這個方法教出來，書上都只是描述與比喻。就像《道德經》第二十一章講的也都只是比喻，都是描述狀態而已。所以，修行道上就是「假傳萬卷書，真傳一句話」。這個萬卷書說是假也不是假，它裡面有真，但就是沒有方法。就像《道德經》說的都是事實，但就是沒教那個方法，必須得靠真正得道的明師指點。所以，即使這方法非常簡單，但是，沒人指點，你就永遠都悟不透。

我們修《道德經》的時候也要注意這一點。得道之人在現實中這個昏昏噩噩、渾渾沌沌、恍恍惚惚的狀態，那是因為他在修道過程中或是在得道之後自然地表現出的狀態。我們可不要反向去求證，可不要從形上去學。如果你只是在形上去學，那就不是大智若愚了，最後不過是學成了真正的愚和蠢。

有些人對《道德經》特別感興趣，就按上面描述的狀態去要求自己，結果搞得自己不倫不類，在現實中就變成了真愚和真蠢。這樣折騰幾十年，天天沒有目標，渾渾噩噩的，結果什麼也沒修出來。連人都沒做好，何談修道呢？

沒有得到明師指點，那就要收起修道之心，好好地做人。先把人做好，守住良知，多種福田，多積陰德，以待有緣。真正修道的人，必是有大福報為前提，必是生生世世廣積陰德，到後面才能承載陰德而擁有那個緣分，讓師

父領你進入道門。

所以，在學《道德經》第二十章與第二十一章的時候，我們既要深刻地理解經典描述的是什麼狀態，同時也要看清自己，千萬不可誤求其形、不知本真！做什麼事都得講一個度，要看時機。尤其是修道涉及個人解脫之大事，了脫生死之大事更是講究時機。所以，你要忍得住、耐得住。即使有福有德有緣而遇到明師，那還得考驗心性。如果你自私狹隘，心性考驗不過關，最後也得不到真東西。

歷史上嚮往修道的人多如牛毛，但是，真正能獲得明師指點且能修成的人卻鳳毛麟角，太少了！不是聰明就能得道。得道跟聰不聰明一點關係都沒有！絕大多數人都絆倒在這兩點，一是福德不夠，二是心性達不到標準。其實，修道第一看的是福德，第二看的是心性，就是這麼回事！這也是第本章給我們的提示。

第三章

夫唯不爭，故莫能與之爭
——《道德經》第二十二章

如何在人世間遵守道的標準？
這章用了多組乍看自相矛盾的例子，
告訴我們要兼顧恆常與機變，
不走極端，要趨向平衡。

第一節　聖人抱一以為天下牧

《道德經》第二十二章

【曲則全，枉則正，窪則盈，敝則新，少則得，多則惑。是以聖人抱一以為天下牧。不自是故彰，不自見故明，不自伐故有功，不自矜故長，夫唯不爭，故莫能與之爭。古之所謂曲則全者，豈虛哉？誠全歸之。】

這段講述人該如何遵從道，並在人世中按照這個標準去做事。這裡舉了很多例子，其實都是在講述陰陽相互轉化、消長的定律。《道德經》反反覆覆地強調這個理，柔弱與剛強，尺有所短、寸有所長，做任何事情並不是一味走直線就是捷徑。

有時，彎路反而會是捷徑

【曲則全。】如果真的想要成功、實現目標，有時候選擇「曲」（走彎路、繞著過）反而是捷徑。凡人做事都喜歡直奔目標，去找出最短的距離，使用最直接的方法。但是，現實中往往會發現，直線看似捷徑，其實不然！有時候，繞著彎反而是捷徑，這是一個理。要想達到目標、要想成功，其實並沒有一個所謂的直線捷徑，所有能實現目標的路徑必定都是曲折的。

為什麼？從物理學上來講，宇宙中就沒有絕對的直線。哪怕是射出去的鐳射光，看似很直，其實也有一定的弧度。宇宙任何事物，發展運行都必是「湧動式前行」。高到了頂點必會落下，到了低谷再往前，這叫做「湧動」，它不是直線的。

我們做事要記住「曲則全」的道理。有時候停一停，有時候走點彎路。高了則低，低了則高，看似彎路實際上卻不是，這叫做「湧動式前行」。這樣地往前走就是「抱一」。

這段的後面有句「聖人抱一」。我們在理解這句話的時候要注意，並不是說想要成功就必定不能走直線。千萬不要有意地這樣做！並不是走直線眼看著就要成功了，還非得走彎路不可。這種有意為之，就不叫做「抱一」了。

這句「曲則全」只是講述一個理：有時候在某些狀況下，彎路反而就是捷徑。但是，有時候我們也要勇往直前地直奔目標。「抱一」就是抱住那個目標、就是要去找取捨點。如果想要成功，那麼，成功就是那個「一」。所以，為了成功，該曲則曲，該直則直。

這裡告訴我們的哲理，就是——當你抱住了一個目標，可不一定就是直線前進才能實現這個目標，要知曉變通。「曲則全」但又不是說所有的全都必須曲、必須彎，而是要因勢利導，別墨守成規。但這當中還有不變的，那個不變的就是「抱一」。

捨與得亦為陰陽之道

【枉則正。】「正」，意思也是要達到那個目標。這裡的「全」和「正」，指的都是什麼樣的目標呢？比如，我們要的就是一個平衡。不偏不倚謂之正，不偏執為正。但是，有時候我們為了要達到這個正的目標，反而要刻意地偏執。矯枉還需過正，或者說，矯正還需過枉。我要想達到這個目標，有時候反而要偏離它。平衡是相對的，沒有絕對的平衡。按照規律來講，在追求平衡的過程中，其實都是在不平衡的頻率波動之下去無限地接近那個平衡。這就是「枉則正」的意思。

【窪則盈。】「窪」是低陷、凹下的地方，「盈」則是充盈的意思。要想裝滿水，首先要有存水的地方。比如，先把地面挖出一個坑，這才能存得住水。否則，沒地方存水，又怎麼可能出現「盈」的狀態呢？

世間一切其實都是這樣反著來的。你想在世間擁有財富，天天想要發財，但是，你做好了準備嗎？財就像水一樣，你想發大財，如果那巨大的洪水來了，你已經備好湖和海的窪地在等著蓄水嗎？如果沒有，即使水來了也會直接流走了，根本就留不住它。

又，若從求財這個角度來講，抽象的「窪」是什麼？你想求財，那麼，你放得下身段嗎？放得下身份嗎？放得下面子嗎？如果你想要清高，希望人人都敬重自己，同時還天天想著發大財，這豈不是矛盾？水往低處走，財也是往低處流，這就是理。心態「窪」不下來，求什麼財？不只是求財，求什麼都求不到！

【敝則新。】敝是舊的意思。「敝則新」意思是，想要新的，就必須先捨棄舊的。

不辭舊，哪能迎到新呢？這就是陰陽的理。這段就是在告訴我們，不要一味地就想著我要。你想要？沒問題！但是，你做好準備了嗎？你要準備的，就是跟你想要得到的對立的那個。在想要之前，你必須捨。捨得出，才要得到。捨與得，這不就是陰陽嗎？

為什麼大多數人一輩子都要不到呢？其實就是這個理，「曲則全，枉則正，窪則盈」。你想要「全」、想要「正」、想要「盈」，就得先放下，可別天天就想著我要卻不付出。

想要一拳打出去有力量，那就要在打出拳頭之前先向後縮拳。拳頭愈往後縮，向前打出去的力量就愈強大。要想弓箭射得遠，也得先把弓往後拉滿。弓弦向後拉得愈滿，箭射出去的距離就愈遠。當然，可不能把弓給拉斷了。做得太過了也不行。

所以，做任何事情都是同一個理。想要得，就得想到自己必須先捨出什麼。要攻擊的時候，想向外發出力量的時候，首先做到的就是深藏、積累與隱忍，以此積聚力量。只有這樣子，到了時機發出去的一擊才會致命。如果不知隱忍，不知深藏，不知積累，直接伸手就要去攻擊對方，那種攻擊是疲軟無力的，只會導致敗亡。

這是道的定理、定律，我們要去遵從。遵從就是「惟道是從」的一種表現。不明白這個理的人，事事妄動，時時妄作，只是一味地追逐，一味地爭搶，這就是不懂大道之理，是不可以的！

【少則得。】有時候，不爭反而能得到，愈爭反而愈得不到，甚至連命都搭進去了。歷史上各朝各代的王位之爭，現在的富豪世家傳承家業，這樣的例子比比皆是。愈爭的人反而愈得不到，愈是大心量、大格局的能捨之人，得到的反而愈多，甚至得到全部。但是，知道和做到可不是一回事！你能做到這一點嗎？

【多則惑。】什麼東西多了之後，人就無法清明，反而會多生疑惑，不是佔有的愈多愈好。「惑」即是煩惱，煩惱多了就痛苦。想一想，我們所有煩惱都源自哪裡？都源於我們一味地想要。要不到是煩惱，求不得苦(註)；要

＊註：求不得苦，佛家「人生八苦」之一。人生八苦包含生苦、老苦、病苦、死苦、愛別離苦、怨憎會苦、求不得苦、五陰熾盛苦。

到了煩惱更多。要到了怎麼還有煩惱？要到了，首先你要守得住，不能再失去了。你怕失去，這本身就是煩惱。為了怕失去，你就得多做很多的工作，徒增煩惱。得到了以後如何分享，如何分配？這又容易導致不均，又是徒增了很多煩惱。多了給你帶來煩惱和困惑，不一定就是好。所有的修行都講究清心寡欲，放下那種追逐愈來愈多的物質的想法，你才真正清靜得下來。

成功要兼顧恆常與機變

【是以聖人抱一以為天下牧。】「牧」是管理、得到、掌控、主宰的意思。聖人抱的這個「一」就是道。真正的聖人會守住道，「惟道是從」之後就能輕鬆地管理天下眾生，主宰天下眾生，這就是「牧」。所以，道講一，天人歸一，一即是道。

想管理天下？想成為天下之主？愈想成為天下之主，就愈得知道進退之道。深知進退之道，反而能做到不爭而為天下先，這才是聖人的境界。如果只是一味地去爭、搶、鬥，那不符合道了，甚至離死不遠。綜觀現實中人們的行為、發展過程以及最後結果，往往是懂得進退之道者最後才能獲致大成，且能長長久久。那些一味地剛強、勇猛、精進的人，要嘛因內鬥而導致崩潰，要嘛就是遭逢外來的災禍而引發崩潰，基本上最後都沒有什麼好下場。這就是大道之理。

上述內容可不是要你不爭，畢竟連聖人都還要「以為天下牧」呢！關鍵是，你做事的方式符合道嗎？我們都有理想和目標。或許有的人會產生疑惑：「不是要我們少私寡欲嗎？那豈不就得放下理想和目標了？」這就理解錯了。少私寡欲並不是要你放下一切理想和目標，變得無所事事；而是要放下在現實中對物質的追求，放下那些滿足欲望的目標，希望在欲望方面要少、要寡。同時，要拿起的是對於修道、得道的目標，這方面反而要堅韌不拔，可不能放下！

「聖人抱一以為天下牧」，聖人的目標是什麼？就是要主宰天下。能夠成功地主宰天下，又能長久地、生生不息地主宰天下，這才是聖人，這才是符合天道運行之規律的得道者。

那麼，這裡說的天道運行之規律是什麼呢？就是「曲則全，枉則正，窪則贏，敝則新，少則得，多則惑」。有了一個目標，就要堅韌不拔，同時也要既知曉天道恆常之規律，又知曉地變化之規律。我們要相機而變，不能一味僵化地守住某一點，那就不符合道的規律了。以上就是這一段給我們的提示，既要有恆常性，又要有機變性。

第二節　莫能與之爭的智慧

《道德經》第二十二章下半段講述的是人做事的智慧，也是我們在世俗中修道的正確方向。

不自我膨脹，也不自卑

【不自是故彰】。若從字面來理解「不自是」，簡單地說就是不自以為是。什麼叫做自以為是？認為只有我最高明、最厲害。「彰」就是彰明、彰顯。像是能把道路、方向、周圍的環境都看得清楚，就是彰明。為什麼自視過高的人「不彰」呢？因為，自視過高的人總是仰著頭，他能看見腳下的路嗎？自以為是的人永遠都不會低頭看路，因此看不見前方的陷阱和懸崖。歷史上那些非常聰明、特別有能力的優秀者，很容易就取得成功，但是最後往往也死得很慘。他們都犯了一些極其低級的錯誤，最後導致敗亡。

我們可以從成功學的角度來理解這句經典。人在尚未成功的時候，通常還知道謹慎。一個人只要知道謹慎，就能看著路往前行，從而避開陷阱和懸崖。但是，人往往在

獲得成功以後就開始變得自視過高、得意忘形，因而不知謹慎，覺得自己已經有了成功的慣性，連看都不看，就隨心地往陷阱和懸崖前進。當一個人不知謹慎，做事不能保持戰戰兢兢、如履薄冰的狀態，他就要敗亡了。這時，這種人說話就不再注意分寸，天天好為人師地講道理給別人聽；但是，當別人提醒的時候，他卻全然聽不見。

所以說，天要讓誰亡，必先讓他狂。這個狂就是「自是」（自以為是）。狂了就看不見路，會摔死的都是這樣的。我們愈是成功、愈是聰明、愈是有才幹，就愈要戰戰兢兢、如履薄冰，這樣才能一直保持著彰明。

【不自見故明。】這裡的「見」要理解成炫耀、自炫、表現。我們修道要「惟道是從」，要從道的規律當中學會如何做人，不要總是過分地自我表現、自我炫耀。一旦把言行舉止的重點都放在如何表現自我和炫耀自我，就會看不見別人，眼中沒有他人就等於瞎了。所以說「不自見故明」。

自見者就是瞎子，也就是滿心想著自己要怎麼表演，這時候就看不見觀眾了。打個比方，當明星站在舞臺中央的時候，所有燈光都聚焦在明星的身上，明星就是全場最亮眼、最炫目、最悅目的那個人。同時，台下的觀眾看舞台上的明星都能看得清清楚楚；但是，站在燈光下的明星看台下觀眾卻只是一片漆黑。即使這位明星知道台下可能有成千上萬的人都在看自己，但他自己卻看不見任何人。這種狀態就是不明，也就是瞎了。

真正懂得道的運行規律的人，不僅做事謹小慎微、戰戰兢兢、如履薄冰，做人也必是鋒芒收斂，不向外炫耀。他收斂自己的才華和能力，使之不外露，讓自己走到哪裡都不會成為眾人焦點。這叫做「不自見故明」。不自我表現，隨時隨地讓自己保持觀眾的角色，讓自己永遠都是一個觀察者。他始終睜著眼睛看別人表演，這才符合道。我們要從這句去理解，學了道以後應該怎麼做人，怎麼做事。

【不自伐故有功】。「伐」這個字的結構，正是有個人拿著一支戈的樣子。所謂的「自伐」，也就是自我鞭撻、自我否定的意思。

有一類人是太過自以為是，熱衷於自我宣揚、自我炫耀，成天自信滿滿，這不符合道。另一類人則是自我否定，

自卑感和罪惡感很強。這兩類鮮明對比的人，前者叫做「不自是」、「不自見」，後者叫做「不自伐」、「不自矜」。前一類人信心滿滿，狂妄，不知收斂。後面則是過於收斂，藏得太深，自我懲罰，自我否定，這在現實生活中其實是不利的。我們既不能這樣做人，也不能這樣做事。

【不自矜故長。】「不自矜」的「矜」是矜持。太矜持，就是深藏太過，不敢外露。一說「不自是」，他就開始特別的「自伐」。一說「不自見」，他就開始深藏起來，不敢露頭了。這是兩個極端。

太張狂、愛自炫、過度善於表現的人，需要收斂起來，這樣才能彰、才能明。你不否定自己，不那麼自卑，不那麼自我批判，不那麼深藏而矜持，那就是功，就能長久。強者要收斂和深藏，至於弱者、自卑者與過於深藏的人則需要釋放。其實，這些都是要讓我們找出平衡，做回正常人。

透過老子在經典的提示，我們要反思自己做人做事之道，不要走極端，要趨於平衡。怎麼趨於平衡呢？就是前述提到的「枉則正」。自視過高者，太喜歡自我表現與自我炫耀的人，就要往深處收藏、隱忍，哪怕收過頭了也沒關係。總是不斷「自伐」的人，就要學著張揚、去認可自己，要有信心往這方面來，即使一時過度也沒問題。收藏太深的人不敢露頭，什麼事都躲在後面，這時就要學會炫耀、自我表現，即使暫時有些過頭也沒問題。這叫做「枉則正」。然後，「枉」了之後再往回一點一點地調整，這才能趨向中間的平衡之道，才能接近道。

學了這段以後，我們要好好反思自己，平時在做人、做事是否太過偏向哪個極端。如果過度了，就去調整。這就是在現實中修道的一個過程。最後要達到的目標與境界就是「抱一」。

何者該爭？何者不需爭？

【夫唯不爭，故莫能與之爭。】不知讀者是否已經發現，《道德經》強調的都是「不爭」？前面第八章講過「夫惟不爭，故無尤」，不爭才能無憂。這裡又講「夫唯不爭，故莫能與之爭」。前面講的都是陰陽之道：曲和全、枉和正、窪和盈、敝和新、少和得、多和惑。爭與不爭，

也是一種陰陽平衡。但我們要清楚，自己「不爭」的目標是什麼？「不爭」並非不要或放棄，也不是什麼都不做。「莫能與之爭」才是不爭的目標。不爭的終極目標一定是「要」，而非「不要」。當我想要這個的時候，直接去爭搶是一種手段，但絕不是唯一手段。有時，用爭達不到的目標，用退避、忍讓反而能夠達到。不爭的最後結果一定是「莫能與之爭」（誰都爭不過我），這就是智慧。

這句「夫唯不爭，故莫能與之爭」千萬不能理解成「任何事情只要我不去爭，那就會變成誰也跟我爭不了，最後一定都是我的」。也不能理解成「我連爭的心都沒有了，那還有誰能跟我爭的過？因為我已經什麼也不要了，那你要跟我比『什麼也不要嗎？』」這可不是這樣的概念！

聖人告訴我們要修道，向道的規律去學，不是要我們不去爭取、不求成功。修道還得爭呢，對不對？不爭能得到什麼呢？「爭」在這裡可以理解為積極努力地進取，堅韌不拔。如果什麼事都不爭，什麼都放下，什麼都不在乎，那就是得過且過了。現實中這樣不爭的人太多了，不知道自己想要什麼，只要活著就行了。聖人可不是要讓我們變成這樣的廢人。這種廢人是真正的蠢人！

聖人「以為天下牧」。聖人要的是更大更廣的東西——天下。

其實，全天下最自私的就是聖人了！但是，聖人要的可不是個人的那點小名小利。「以其無私而成其自私」的才是聖人。聖人有因為他想要爭取的目標，因而艱苦卓絕地奮進努力，歷經各種磨難也不放棄。聖人要實現的是他的大願，要想實現大利就必須要放棄小的爭、捨掉那個小利。若說「眾人熙熙」的那些普通人都在奔向眼前的個人小利，那麼，聖人卻知道自己要的目標是成就大道：「誰想跟我爭？來吧，大家一起來成就大道。」只有「夫唯不爭」才能做到「莫能與之爭」（誰也爭不了）。

世間的小利——名聞利養、榮華富貴，都是可以爭的。人人都頭破血流地去爭奪名聞利養與榮華富貴，那是有形之爭。我放下有形的個人利益之爭，才能成就大道。在成就大道的路上，你只能跟自己爭，還有誰能跟你爭呢？所以，這才是「莫能與之爭」的真義。

通達做人做事的道理

【古之所謂曲則全者，豈虛哉？誠全歸之。】上古之道告訴我們，並不是一味地追逐自己想要的東西，就能得到成功。

前面提到「曲則全」的概念：有時候，忍讓、後退、繞彎、深藏、收斂、謹慎、不爭，這些反而能夠成全我們走向成功。這是實實在在的理！歷史上有多少英雄興衰，有多少成功者走向敗亡，都是這樣的例子。

「全歸之」，一切都會歸屬於你。只有知道了這個理，通達了所謂的道，才會「誠全歸之」（你才能得到圓滿）。這就是智慧，這就是道！

《道德經》有些章節在描述什麼是道，有些章節則是講述聖人在道的引領之下是怎麼治國的，有些章節則說明我們在道的引領之下要怎麼修身……，內容很全面。像這章就告訴我們，在道的引領之下要怎麼做人做事。

我們要從中領悟大道之理，然後走向修道之路。每天按照道的標準來要求自己，隨時反省自己為人做事是否符合道。符合道，就能把我們帶向昇華和圓滿，就能避開世間很多災禍。人在世間的災禍，很多時候都是自己作出來的，也就是俗話說的「天作孽猶可違，自作孽不可活」。

《道德經》第二十二章一再提醒我們：聰明要深藏，鋒芒要收斂。才華既是殺人的利器，也是自傷的東西。在做任何事都要保持「抱一」的狀態。找對時機，該出手時就要出手。當時機未到的時候就要深藏不露，戰戰兢兢，謹小慎微。時機一到，則要勇往直前。這就是「抱一」！不管做人還是做事，都要符合道之規。以上就是這章給我們的提示。

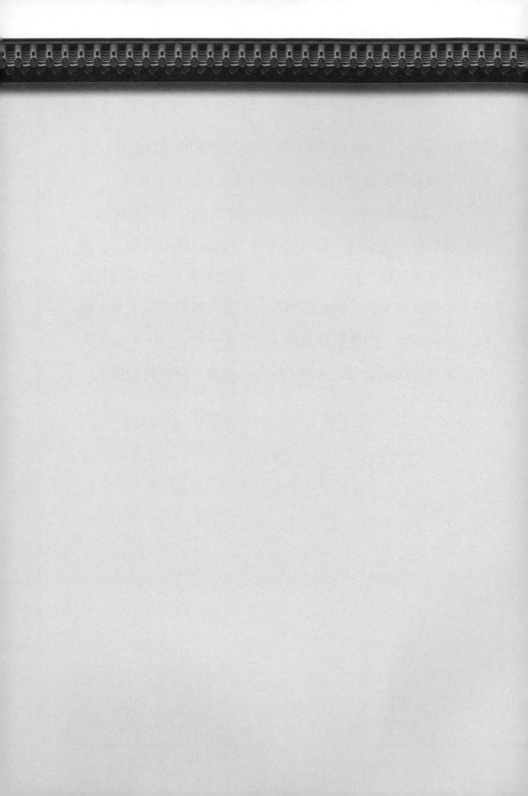

第四章

希言，自然

——《道德經》第二十三章

如何才是有智慧地修身？
老子透過狂風暴雨的自然現象，
說明希言、知止的重要，
並進而探討有德與失德的差異。

第一節　知止而後有定，定而後能靜

《道德經》第二十三章

【希言，自然。飄風不終朝，暴雨不終日。孰為此？天地而弗能久，又況於人乎？故從事於道者同於道，從事於德者同於德，從事於失者同於失。同於德者，道亦德之；同於失者，道亦失之。】

這章講述修身的智慧。老子從大自然的規律開始，講述仁為何要希言、知止。再延伸地探討有德與失德的差異。

希言，從慎言起修

【希言，自然。】這個「希」就是聽而弗聞(註)謂之希的「希」。「言」就是一種溝通。大音希聲，真正的溝通不在於用嘴表達了多少。得道者要儘量做到「希言」，也就是儘量少用語言去表達，這才是真正符合自然的一種溝通狀態。

＊註：語出《道德經》第十四章：「視之而弗見，名之曰幾；聽之而弗聞，名之曰希；搢之而弗得，名之曰微……」詳細內容可參見本書第二冊第七章。

為何要「希言」呢？因為人不僅能用語言進行溝通，還能用眼神和身體來溝通。其實，聖人行的「不言之教」，這種溝通方式更為重要！凡人，尤其是那些稍具能力、稍微聰明些、優秀一點的人，基本上說起話來都是滔滔不絕。這種人把注意力都放在自己的嘴上，用語言不停地表達，不停地告訴別人該怎麼做，好彰顯自己懂得多。凡人的自我表現、炫耀、自以為是，全都透過這張嘴來表達。

我們學《道德經》來修道，要從哪裡開始起修呢？就要從自己的眼和嘴來起修。從眼睛起修，就是「目不外視」，不被外物所吸引，要向內去觀，這是修行的入門處。把視線收回來，就叫做「神光內斂」，我們先從這兒起修，然後再從嘴上修。閉上嘴少說話，「口不洩氣」。

其實，眼不外視，閉嘴不說話，這兩點是非常難做到的。目外視，心必隨，神就外馳。口多言，耗氣，神一樣會外馳。

「希言」，就是控制自己的嘴。眼和嘴是人的兩道門。把這兩道門修好，我們才能逐漸進入道境，才能逐漸感受什麼是「精神內守」。

那麼，這裡的「自然」兩字又意味著什麼？凡是符合道的就叫做「自然」。天地不言，天按照一定規律來運行，地夠承載、包容萬物。但是，人卻因為長了這張嘴，天天在那裡宣洩、說教，這就不符合自然的規律了。「希言」可不代表求道者就完全不說話了，而是指那些不通大道之理的凡人說得太多、太急於表達、太做作、太炫耀、太自以為是、太好為人師。眼不內斂，心馳神往。口不閉住，失道失德。道和德往往就是從這張嘴失去的，就是從這雙眼睛失去的。

「希言，自然。」簡簡單單的四個字，就是要我們做事都能遵循道之理和道之規，行不言之教，多以身作則，少用言語去教化。

知止就是符合自然之道

【飄風不終朝，暴雨不終日。孰為此？天地而弗能久，又況於人乎？】所謂的「飄風」，指的就是颶風或颱風。「飄風不終朝」，大風的來勢特別兇猛，但是，過了中午之後，它就會降低勢頭了。「暴雨不終日」，大暴雨很少有超過一天24小時的。特別大的狂風暴雨，都是來勢愈猛，去得就愈快。自然界的現象都是來得快就去得快，不會長久，這就是規律。

「孰為此？」為什麼會這樣？凡是有形之物，愈是迅猛快捷的就愈不長久。自然界當中自有規律，那些生得快、長得快、成熟得快的生物，往往也敗得快，生命短暫。慢慢地生、慢慢地長、慢慢地行動、甚至閉口不言的生物，它的生命也長。比如烏龜，行動緩慢，很少叫喚，總是靜靜地待在那裡。反觀那些動得愈是猛烈的生物，它的生命就愈短暫。來得快，去得也快，這就是規律。

這句延續前面那句「希言，自然」，意思就是要我們符合自然之道。要想長生久視，要想修道，首先就得讓自己靜下來。怎麼才能靜下來呢？首先一定要知止。《大學》：「知止而後有定，定而後能靜，靜而後能安，安而後能慮，慮而後能得」。知止，這也是修道的起修處。

大自然遵循這個規律，天地也得遵循這個規律。如果天不停地動，總是飄風驟雨，那它也不會長久。如果大地不斷地山河變遷，無法安穩，靜不下來，那麼，它就無法承載萬物的生長，早晚都得消失。

「孰為此？天地而弗能久，又況於人乎？」如果不按照自然規律去運行，連天地都無法長久，很快就會崩塌，何況是人！

這句話告訴我們，修道要知止。天按照它的規律靜靜地運行著，大地穩穩地承載著，這些其實都是知止。天地是如此，那麼，人又要在哪裡止？剛才說，我們要從止住自己的眼和嘴開始。止住了眼和嘴，就控制住欲望。如果不知止，眼睛總被外境吸引，被美食、美色、美景吸引，目光收不回來了，心就會外馳，神就會耗散。如果不知止，嘴巴止不住，滔滔不絕地表達，不斷地炫耀或說教，同樣也是神馳而氣散。

知止才能做到神性內斂，才能夠真正符合自然之道，才能夠真正長生久視。修道之人與得道之人，既不會說話滔滔不絕，管不住自己的嘴，也不會目光外泄，隨物去奔馳的。所以，我們可以從這一段裡面學到修身的智慧。

第二節　物以類聚，人以群分

【故從事於道者同於道。】所以說，如果你做事的標準接近道（「從事於道」），那麼，道就會與你同在（「同於道」）。

【從事於德者同於德。】如果你做事的標準接近德（「從事於德」），那麼，德就會與你同在（「同於德」）。

【從事於失者同於失。】這話是反著來的。這裡的「失」不是指失敗，而是失德、失道。

另一種吸引力法則

要有德、有道，還是失德、失道？這全都是你自己決定的。如果行事不按照道的標準、德的標準去做，那就會失了道、失了德。那麼，失道者、失德者就會跟你同在。

這是什麼意思？我在世間接觸很多的人事物，那些與我相關的人事物其實都是相互感召的。「積德之家必有餘慶，積惡之家必多災殃」是大家耳熟能詳的古訓，說的就是這個道理。其實不只古訓，我們看看身邊，現實中也有

很多這種例子。

如果我的言行舉止符合道，那麼，在現實中與道相近的人事物就會與我同在。因此，我的身邊就不會有特別壞的人，不會有特別缺德的人，我自己也不會被騙。有的人會問：「如果我的行為舉止符合道，那我還能左右別人嗎？我怎麼能不被人騙，不被人傷害呢？要怎麼做，壞人才不會騙我呢？」

我們想一想這個道理：「從事於道者同於道」。你的行為標準符合道，意思就是你的起心動念都要符合道的標準。那麼，道的標準又是什麼？大道不言，清靜寡欲，寧靜淡泊。如果你起心動念和言行舉止都符合道，自然就不會被現實中的物欲、名利和榮華富貴所吸引；因為，你的眼睛不會去看這些東西，你的心也不會癡迷在這上面。當騙子要騙人的時候，必定會用巨大利益來當誘餌。人就是因為貪圖這種利益才會被騙。如果你起心動念都符合道，少私寡欲、清靜無為、精神內守，天天都處於這種狀態，即使身邊出現了騙子，又怎麼可能會被騙倒呢？

之所以會被別人傷害，必是大家有了利益之爭。因為在利益上有衝突，所以才會去傷害他人以爭奪利益。如果你起心動念和言行舉止都按照道的準則，自然就會放下對眼前利益的追逐，也不會在物質層面與人相爭，那麼，別人又有什麼緣由來傷害你呢？

任何人做事都不會毫無動機，背後必有其利益考量。即使你身邊有那種惡人，但只要你不逐利、不與人爭利，又怎會受到欺騙和傷害？所以這裡說「從事於道者同於道，從事於德者同於德」。

物以類聚，人以群分，這是亙古不變之理。你是什麼心，就招來什麼樣的人。如果你天天都是逐利之心，天天都是爭鬥之心，那麼，你身邊也都是這樣的人。同聲相求，同氣相吸，頻率不同的人是不可能在一起的。

所以，當我們在現實中經常碰到惡人、經常被人傷害，就要好好地想想自己到底是什麼樣的人。先從自己返觀，從自身去找原因。別總是想著去改變別人，因為你改變不了任何人。你只有返觀自己，改變自己。當你改變了你的心，讓自己的起心動念和行為舉止都朝著道和德的方向前進的時候，你再去看看自身周圍的人事物會不會起變化。這也是一種修行的過程。

【同於德者，道亦德之。】說的也是這個理。你與道同在，道也與你同在。你積福積德，成人之美，與人行善，那麼，德和善都會與你同在。最後，真正受益最大的人必是你。這就是修道之人「以其無私而成其自私」，最後成就了自己的最大利益。這種利益是無形的，是沒有邊界的，是無限廣闊的，這是真正的無私！

【同於失者，道亦失之。】如果，你失了道、失了德，你身邊必有小人圍繞著、和你糾纏著，大家共同去追逐眼前的利益，災禍就是這麼來的！這就是「同於失者，道亦失之」給我們講的道理。

做事要符合自然之道

所以，第二十三章從頭到尾都在告訴我們：做事要符合自然。自然是道之根，道又是德之本，修道就要效仿自然。

《道德經》裡面寫的也全是這些！怎麼做事才符合道和德的標準？《道德經》寫「上善如水」，告訴我們要向水學習。《道德經》還講述得道之人在現實生活中是什麼樣的狀態、以什麼面貌示人。《道德經》還告訴我們，應該要發出什麼樣的心、發什麼樣的願去做事，才符合道和德。這樣的概念對我們修道會有很大的啟發。

第五章

跂者不立

——《道德經》第二十四章

急迫、躁進，難以長久，也無法成事。

不偏激、靜定，方能產生智慧。

為人處世都要符合道的標準，

才能讓道、德都與我同在。

第一節　追逐名利，不被欲望牽著走

《道德經》第二十四章

【跂者不立，跨者不行。自是者不彰，自見者不明，自伐者無功，自矜者不長。其在道也，曰：『餘食贅行。物或惡之，故有道者弗居。】

前面講過「自是者不彰，自見者不明，自伐者無功，自矜者不長」，這章又再次出現了。由此可見，老子認為這個概念非常重要！因為世人確實就常犯這幾樣毛病，尤其對那些聰明伶俐的人、有能力的人、表現傑出的人來講，他們基本上全都具備這幾樣特徵。所以，他們再優秀也只是個普通人，也就是「俗人」。而且，這樣的人愈優秀就離道愈遠，愈墮落。所以這句話太重要了！老子在這章重新提醒我們該如何做事、為人才符合道的標準，才能夠讓道、德與我同在。

道亙古長存，德也同樣地長青久遠。像螻蟻般短暫的生命並無意義，我們都希望能夠長遠，因此要向天、地、道、德學習。這章就很明確地告訴我們該怎麼做。

跂者不立，跨者不行

【跂者不立，跨者不行。】何謂「跂」？踮著腳尖就叫做「跂」。「跂者不立」是指腳尖點地就站不久。

為什麼要踮著腳尖？因為覺得自己高度不夠，因為急於成長、急於昇華、急於向上攀，這是一種急迫、躁動的心態。「那麼，踮起腳尖往上抓、往上搆，想要抓到、搆到什麼？利、名、美色、美食、鎮日睡覺不做事。人就是這樣，天天往上搆（追逐五欲），踮起腳尖還怕搆不著，恨不得自己能飛起來。一旦搆不著就焦慮，搶不到就恐懼，這就叫做「跂者」。眾人熙熙，皆為利往，皆為名來，這其實是一種焦慮和恐懼的心態。

「跨者不行」。「跨」就是一步當兩步，恨不得自己每次邁一步就能邁出十步的距離。走路要講究節奏，步伐不能小，也不能太大。步伐太大，邁出去第一步，就很難再邁出第二步了，這就是「跨者不行」。難道就沒法一步一步地走嗎，為什麼要跨呢？就是因為急呀！急功近利，急著追逐財色名食睡（註）。焦慮、爭先恐後、打破腦袋往前搶，就是世人經常呈現的一種狀態。

所以，這章告訴我們「跂者不立」，愈往上搆，就愈得不到。爬得愈高，就會摔得愈狠。「跨者不行」，愈急著往前跑，就愈跑不動，愈會被拖住。

有人問：「真正修道者有沒有著急地踮腳尖要去搆道，跨大步想急於修行、急於要昇華的？」沒有。因為道並不在那個高處，也不在眾人能看得見的地方。道不會展示在人的前面去吸引人。所以，真正求道者必不會是這種急功近利的心態。求道者追求的是清心寡欲，靜和定，由寧靜而致遠，由淡泊而明志。求道的人不會隨著大流、跟著眾人往前搶奪，往上搆。人人往前搶的、往上面搆的，那必定是現實物質的利益，也就是「物欲」。真正的求道者，反而要從熙熙攘攘、追名逐利的群眾中退出，「獨立守神」。

不偏激，靜定的智慧

所以，這句「跂者不立，跨者不行」告訴我們，如果天天逐名逐利，拼命跟別人爭搶，就無法長久。你以為你

＊註：「財色名食睡，地獄五條根」為佛家語，意指人不能過度地貪圖名利與享受，否則就會墮入地獄。

得到了世間的物欲，得到了名聞利養，得到了榮華富貴，但仍不願意收起欲望之心，還在不停地追逐，後面就會摔得很重、死得很慘。這就是「跂者不立，跨者不行」帶來的警示。

即使要追逐世間的名利，也得具備智慧，不能完全被欲望牽著鼻子走，也不能成為欲望的奴隸。那些被欲望牽著鼻子走的人，最後一定會被欲望帶入深淵、落入地獄，因為欲望只會把人帶向那裡。所以要記住這句「跂者不立，跨者不行」。

我們要爭取與道同在、與德同在，在積極努力的同時也要保持一顆清靜的心與自我。這樣，才不會被牽走，看問題才會客觀、全面，自己也才能看清楚眼前的路，不會掉進陷阱、被別人所害或被拉入深淵。就算自己在現實中得到的名利沒有那麼大，但我能保證自己身心健康、穩定、長久地存在，這就是道的智慧。

經典並不是讓我們徹底放下對世間利益的追逐，而是讓我們做什麼事情都不要過度。老子在這裡講的是「跂者不立」。站著的時候還要踮腳尖，這就過度了，踮著腳尖就無法長久站立。「跨者不行」，你要正常地走路，保持一定的原則，這樣才能走得快、穩又長久。

可不是說不做「跂者」和「跨者」，那我們就不動也不努力了，這樣也不符合道。無論什麼事都要掌握一個原則。並不是不讓我們努力，而是在努力的同時也懂得收斂，隨時保持一顆清靜的心，這才是這句話要表達的涵義。

第二節　不為物喜、不以己悲

聖人在後半段仍告訴我們在現實中該怎麼做，才能符合道的標準，讓道、德與我同在。

修道者不因外境而迷惑

【自是者不彰，自見者不明，自伐者無功，自矜者不長。】在先前的章節已有類似的內容，此處又再次強調：凡是「自是者」、「自見者」、「自伐者」、「自矜者」都不會長久。

為何不會長久？因為這類人要嘛過度消沉、極度自我否定，要嘛太張揚、太高調，全都是極端的表現，不符合道的規律。所以，我們在做人這方面要注意別犯了這幾個問題，才能符合道的標準、德的標準，進而讓道和德與自己同在。

【其在道也，曰：「餘食贅行。物或惡之，故有道者弗居。」】在修道人的眼中，這些「跂者」、「跨者」、「自是者」、「自見者」、「自伐者」與「自矜者」，其實就是「餘食贅行」。

「餘食」就是吃剩的飯。「贅」就是多餘的意思，就像腫瘤一樣是身上多餘的肉。修道者看世間這些俗人鎮日熙熙攘攘、奔波勞碌，要嘛興奮、要嘛悲哀，其實全都是為了私利。俗人得了個人利益就興奮、張揚、高調、自以為是，一旦失了利就自伐、自矜、低沉、了無生趣。對修道者來說，看這些人就像他們在搶剩飯，追逐毒瘤一樣地讓人噁心（「物或惡之」）。

「故有道者弗居。」真正修道的人，絕不會像上述那些人如此行事。那些人不過是行屍走肉，被金錢、權力、美色所迷並瘋狂地執著，心已徹底地為物所役。光是一點財、一點美色、一點美食，都能讓他們欣喜若狂。這些人只是為了金錢、權力、美色而活，內心每天都是上下起伏著，被現實中的利益不斷地牽引，一時一刻也靜不下來，離道、離德愈來愈遠。修道的人恥於這些行為與狀態──這就是「有道者弗居」。

修道就從知止開始修起

我們回過頭來想想，自己是否也是那種向高處攀權財的「跂者」？是否也是急功近利的「跨者」？很多人一旦追不到利益就立刻焦慮，追到了利益就馬上自我膨脹，不知自己姓什麼。比如，升官發財了，很快就變成「自是」與「自見」的心態，總是自以為是、習慣自我炫耀。失敗了，就「自伐」、「自矜」。你是不是這樣的人？

作為修道的人，要先從這幾個方面來反思、反觀自己：能否做到不為物喜、不以己悲？能否隨時保持清心寡欲、清靜無為的心態？

要靜下來，就得知止。儒學的修行就從知止之處起修。道法和佛法說的是同一回事，都要知止。止什麼？止住追逐物欲之心，止住成功之後的那種驕狂和自以為是，止住失敗以後的自我否定、自我批判與耽溺於消沉。捫心自問，你能止得住嗎？以上就是這一章給我們的提示。

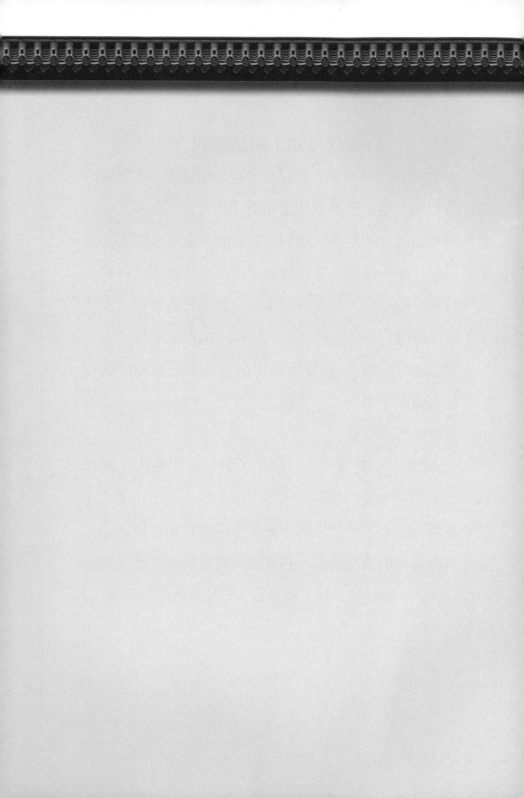

第六章

有物混成，先天地生

——《道德經》第二十五章

人是唯一可以悟道的萬物之靈。
然而，道卻很難捉摸、無法言傳。
這章從另一角度重新勾勒道的樣貌，
並且指出悟道的正確方向。

第一節　道和人、天、地之間的關係

《道德經》第二十五章

【有物混成，先天地生。寂呵寥呵，獨立而不改，周行而不殆，可以為天地母。吾未知其名也，字之曰道，吾強為之名曰大。大曰逝，逝曰遠，遠曰反。道大、天大、地大、人亦大。域中有四大，而人居一焉。人法地，地法天，天法道，道法自然。】

前面講過幾篇論道的章節，講的都是這個道理——真正的大道到底是什麼樣的形態？由於道很難用語言來描述。所以，這章又從另一個角度來講述道和天、地、人之間的關係。

道與自然到底是什麼？

【有物混成，先天地生。】「混」是一片混沌，看似虛無，無形無象；但是，這個「混」當中還存在著「物」，而且，這個「物」還「成」了。「天地」代表的是宇宙。宇宙即是時間和空間的代名詞。無限延續的時間；無限廣闊的空間，這就叫做「宇宙」。但是，時間看似無限延續，但它必然有始，有始就必有終。空間看似再大、再廣闊，也必有邊界。所以，「天地」其實是有始有終亦有邊界的。在天地生成之前，就是「有物混成」這個東西生天地出的。

那麼，這東西又是什麼樣的狀態呢？

【寂呵寥呵。】「寂」是寂靜，也就是無人。「寥」是廣闊，意指空間無比地空曠、巨大。

【獨立而不改。】而且，它還是唯一的（獨立）。「不改」就是不會改變，它有恆常性。但，上句提到，它是「寂呵」，沒有一個人存在，也沒有半個靈存在，它本身就只是一種存在而已。這種存在，可以叫做「自然」，這種狀態可以稱為無極。盡虛空遍法界，空無一物卻又無所不包，看似混混沌沌卻又具有無限可能。它是一種波的存在，「獨立而不改」且「寂呵寥呵」。

【周行而不殆。】它按照自己的規律在運行，這個規律循環往復、周行不殆、永無止境。因為它無始（沒有開始），所以沒有終結，這就是一個規律。

「寂呵寥呵」叫做「自然」。「獨立而不改，周行而不殆」就叫做「道」。雖然它看似無形無象，其實已經在運行了。

【可以為天地母。】這個自然與道「周行而不殆」，不停地循環運行，因此生出了天地，也就是化生出宇宙。

宇宙是有父母的，自然就是它的父，道就是它的母。但是，自然與道雖說是父母卻又不像人間的父母一樣，因為它不是單獨的個體。道在自然中，自然裡頭又包含著道。自然與道是一體的，但是，這個一體的內部又分出了陰陽，這就是「一體分陰陽」。

【吾未知其名也，字之曰道。】這個東西既是一種存在，卻又像不存在似地。該怎麼稱呼它呢？「字之曰道」，勉強地稱它為「道」。

【吾強為之名曰大。】這裡的「大」，其實就相當於佛經裡講的「摩訶」。這個「大」跟我們世間的「大」是不一樣的。世間的「大」，再大也有邊界。這裡的「大」是摩訶，是沒有邊界的。

那麼，既然沒有邊界了，還能用大小的概念來說它嗎？有大就有小，就有了比較；但是，形容道的「大」卻沒有一個小能與之對應。

上面提到「獨立而不改」，這句裡面的「獨立」是「一」的意思，道和自然就是「一」。一沒有對應，二才有對應。所以，道的狀態是「獨立而不改，周行而不殆」。只有在「一」的狀態下，道才能成為永恆的存在。所謂的「二」，就是道化成了陰陽。陰陽會上下波動、消長轉化，必定會有始有終。道和自然就不會有「二」的狀態，因為「一」是不會相互消長、轉化的，它就是一個既無始也無終的存在，老子稱為「道」。

道極為遠大且周流不怠

【吾強為之名曰大。大曰逝，逝曰遠，遠曰反。】但是，這樣地理解道，總覺得太空泛了。所以，老子先強調道的「大」。但是，光用「大」這個字眼又不足以描述道。怎麼才能形容一下這個「大」來讓大家更有感覺呢？

於是，老子就用了「逝」這個字。

「大日逝」的「逝」，意思是逝去、向外跑、急速地擴張。這就告訴我們了，道沒有邊界，它無限地向外擴張，迅速地向外飛逝。如果有邊界的話，道不就會被擋住了嗎？通常，停止能與飛馳相對應，但是，形容道的這個「逝」卻沒有停止與之對應。

但，是用「逝」來形容道，還是有可能讓大家誤解，這種描述會讓人感覺道好像是一個正在向遠處跑去的東西。所以老子又用了「遠」來解釋。

接下來的「逝日遠」，意思就是無盡地遠。通常，我們說的「遠」都是相對於「近」的一個概念。但是，這裡形容道的「遠」，卻沒有「近」可以跟它對應。

然而，已經「遠」到無盡遠了，卻還是無法描述道的廣大。

我們絕對無法想像一個從沒看見過的東西。只要一提到「道」，大家很容易就把它想成一個靜態的東西。但，道是不斷運行的，並非一個靜止的存在。我們無法想像那個「盡虛空遍法界」的道到底是什麼樣子，古人就想出有個混沌的蛋，說這就是道在周流運行。聖人知道我們想像力有侷限，所以就用了這些詞來形容道。當我們這樣一想，老子馬上就用一個「大」字來告訴我們道並非像顆蛋似地，而是大到一個難以想像的程度。但我們突破不了人的思維，只是感覺自己在巨蛋裡，所以老子又告訴我們道在動的的程度：它不斷飛逝且涵蓋到無限遠之處。但我們再怎麼想像都還有個殼，很難理解道那種無窮無盡的遠。

當我們明白這個道就像直線似地不斷向外飛逝（「逝日遠」），老子又進一步描述道是「遠日反」。

道無限地廣大，同時又處於「周流不殆」的循環狀態。道可以無限遠地逝去，但是，道其實並沒有極端，它隨時都能返回來。

聖人在這章對於道的描述，和前面幾個章節不同。前面的章節一再告訴我們：道的廣大無垠、道的無處不在。這章則提到了「周流不殆」這個特性。道是不斷循環的，有「物」有「成」卻又無形無象。所以，我們不要侷限，要好好地去領悟。

第二節　道能領悟在自然中去運行

聖人為什麼要不斷地描述道呢？因為，只有透過這些描述，我們才能描摹出道的樣子；如果完全不描述的話，我們就永遠都沒有半點概念。凡人對於沒見過、沒聽過、沒碰過的東西，他的想像力就永遠都達不到那個高度。但是，聖人出現在人群中，他告訴眾生，更高處甚至最高處有什麼、是什麼樣子，就是要引領眾生達到一個不可企及的高度。

聖人現世的重要性

聖人現世最重要的意義，就是帶領眾生邁向一個智慧的新高度。我們如果沒聽說過、沒見過，沒觸碰過那種高度的智慧，就永遠都想像不出來。人類的智慧和科技的昇華都有一個前提，就是：有聖人來告訴我們，讓我們看到、聽到、觸碰到那種高度的智慧，然後我們才能達到那個高度。

人類的大腦只開發了不到5%的程度。也就是說，我們對整個宇宙的認同、認知與發現，還處於萬仞高山的山腳下。怎麼才能不斷地向上攀登呢？唯一的前提和條件就是憑藉著曾經到達高處的聖人，透過聖人的描述，我們得知上面是什麼樣子。然後，我們才能打開大腦裡對應的區域，才能領悟，才能往上走。這就是聖人現世的意義所在。

聖人之語的重要性

所以，聖人引領眾生，只用一個方法，就叫做「教化眾生」。

聖人告訴眾生，上面有什麼。所以，老子節選的這些經典，裡面經常描述道是什麼。為什麼老子要描述那些看不見也摸不著的東西？意義就在這裡！

我們現在無法理解《道德經》的內容，但那只是現在，老子還是要告訴我們上面有這個。聖人給我們帶來的智慧的高度，就是我們整體人類能到達的高度極限。當我們共同達到聖人告知的這個高度了，又需要其他境界更高的聖人再引領我們往上走，這就是客觀的規律。

所以，你不要覺得老子淨說這些扯淡、虛的東西沒有用。聖人引領的是高度，你現在想不明白，悟不透也沒關係，在人群中一定有人能領悟。只要聖人給我們描述過那

個高度，就一定有人能達到。然後，這個人再帶領更多人往上達到這個高度。這也是學習《道德經》的意義所在！

人為萬物之靈，故能悟道

【道大、天大、地大、人亦大。】道是「寂呵寥呵，獨立而不改，周行而不殆」，道也是「大」。天可以叫做「大」，地可以叫做「大」，人也可以叫做「大」，老子指出道、天、地、人為「四大」。

既然連人都可以叫做「大」了，為何其他萬物不能也稱為「大」呢？

佛法講只有人才能修成佛。一切想修成菩薩、修成佛的眾生，必須都得先轉生為人，才有機會修成佛。為什麼？我們回到《道德經》第二十五章的這句「道大、天大、地大、人亦大。」

道在自然中運行。天和地都是道所生，當然也按照道的規律在運行。而在眾生當中卻只有人能瞭解、領悟這個道。動物、植物、山水屬於天地之間的一個組成部分，只能按照自然法則去運作。雖然它們也符合道，卻不知曉這個道。只有人才能夠知道、悟道、向上修道。

【域中有四大，而人居一焉。】這句承接上面的「道大、天大、地大、人亦大。」再次強調人是萬物之靈。

所以，我們不能小看人，生而為人是多麼榮幸的事！

寧靜才能致遠

道法在這裡已經講的很清楚了。人的運行本來也該符合道，但是，人會執著、妄想，變得不清靜，因此離道愈來愈遠，愈來愈被迷障。愈是迷障，格局就愈小，心量就愈小，眼睛所見的就愈少，耳朵所聞的就愈少，能感知到宇宙的範圍也就變得愈來愈侷限。

一切皆隨我心而變。我的心大到什麼程度，我的識就能感受到什麼程度。心是識的主宰。識也就是五識，眼、耳、鼻、舌、身，這些都是心向外收集資訊的工具。所以，我們的眼睛能看多遠，取決於我們的心想看多遠。我們的耳朵能聽多廣，取決於我們的心想聽什麼聲音。心量一旦變得廣大，我們就能具備五眼六通。心能致遠，眼睛就能看到一切，遠近皆見。

心怎麼才能夠做到廣大而致遠呢？只有靜下來，非寧靜無以致遠。我們怎麼才能夠實現大願，做出豐功偉績呢？非淡泊無以明志。愈追求大的功績，愈追求名留千古，愈追求造福於人類，內心就要愈追淡泊。你愈淡泊反而愈能明志，愈能實現偉大的功績。你愈寧靜反而愈能致遠，這就是道。

所以，道就是「強為之名曰大。大曰逝，逝曰遠，遠曰反。」你想要領悟最遠的、最大的大道規律，只能反著來。因為道是一個循環往復的過程，一定要往自己的心去找。內心真的靜下來了，才能寧靜以致遠。愈想要有大作為，就愈要向心內去找，愈淡泊反而愈能有更大作為。這叫做「反」，這就是道的規律！愈執著在追逐眼前的東西，你的格局就會愈小，心量就會愈小，就愈看不透這個世界，愈迷陷就愈墮落。

人要向天地學習

【人法地，地法天，天法道，道法自然。】天、地、道都從自然化生而來。只是，天地不言，沒有自己的思維。自然是怎麼來的，天地就怎麼做。人和天地有什麼區別呢？人有思維，有意識，能支配自己的行為。

但也因為這樣，人會離道愈來愈遠。本來，人和天地都是由道化生的，都是從自然而來的。也就是天地人都來自無極。但是，因為人有自己的意識，所以經常妄作。

所謂的「妄作凶」就是自己作死。自然之道本來就是「周流而不殆」，無窮無盡、無始無終。但，人卻因為自我意識太強，愈自以為是就離道愈遠。

這句「人法地，地法天，天法道，道法自然」告訴我們，人應該向天地學習。天地無思無慮，只是做好自己該做的事。其實天地也不知道什麼是自己該做的，它就只是做而已，不是基於什麼原因。所以，人能否放下心中的對錯，和天地學一學？

天地可不是無所作為！天地隨時都在變化。但天地又不是妄作，天地遵守著一定的規律，這個規律就是道。天地在做，又沒在做，所以天地才能相對地長久。這個長久是相對的，因為天地是有形之物，有形之物必有成住敗空。天地符合道，不為己生而喜，不為必死而悲，不為多得而樂，不為失去而怒。天地相對於人，那真是太長久了！

所以，人要法地，要法天，要法道，要法自然。我們要好好領悟，不是什麼都不做，而是要積極、努力地做，同時又沒做什麼。在做又沒做，就是這種感覺！這就是道。

《道德經》一再告訴我們，為人做事要符合道的標準。為什麼天得以清，地得以寧？就是因為天地沒有自己的欲望。人的問題就在於欲望太多了。我們要跟天地學習少私寡欲、安於愚樸。天地當然有智慧，但是，天地有表現出來嗎？天地是為了哪個眾生才存在的嗎？天地有施恩哪個眾生呢？天地有厭惡哪個眾生嗎？都沒有。

所以，我們要學天地，因為天地符合道。天地清靜而少欲，質樸而似愚，循大道而本能地運行著，既無求又無住，周行不殆。所以，天能長久，能不滅。這就是我們要向天地去學的。

第七章

重為輕根，靜為趮君

——《道德經》第二十六章

現實生活中要隨時保持平衡！
不可一昧地張揚、奮進，
也不能只是內斂、保守。
這就能掌握大道的陰陽轉化規律。

第一節　在輕重、靜動之間的修行

《道德經》第二十六章

【重為輕根，靜為趮君，是以君子終日行，不離其輜重。雖有榮觀，燕處超然。若何萬乘之王而以身輕於天下？輕則失本，趮則失君。】

這章著重的是輕和重，靜和趮（註）的概念。《道德經》講了很多，我們如何去融合陰陽這一對矛盾體。前面的章節講過美與醜、善與惡、榮與辱、長與短、前與後、內與外，都是在提示我們，在現實生活中要如何參悟並運用陰陽相互轉化的定律，要掌握大道的規律。

道性就是能夠看到二元

首先要明白的是，現實世界的一切都源於道。

道法自然，落地之後就是德。德後有仁，仁後有義，義後有智，智後有禮。一旦到了德這個階段，就失了道。

＊註：趮，注音ㄗㄠˋ，形容詞為「急切、急躁」之意，動詞是指「快速掉落」。

其實，這已經是二元了，也就是以陰陽為萬物之形的本。

在德這個階段就有了綱常，它是道的演化、延伸及落地。那麼，到了德這個階段，我們要注重的就是陰陽的轉換。德後有仁。《道德經》用這麼多章節告訴我們，在現實中要如何看待和運用陰陽的轉化，這就是「仁」。像這章，講的就是重和輕、靜和躁的對應。

我們學了道的這些理，一定要在日常生活中領悟、運用，這是我們學道的最終極的目的。修道是時時刻刻都在修，我們要把自己從單一的、直線的、邏輯性的模式，轉為注重二元的、接近道的模式。我們看任何人事物都要從兩面去看，這叫做「矛盾的統一體」。我們承認有矛盾，有前後，有善惡，有好壞，有美醜，有完美有不完美，有長有短，有上有下，有內有外。我們循道去做，而不是順著所謂的人性去走極端。

人性是直線的，人性是邏輯的，也就是向著某一個方向——想要就一味地要，想前行就一味地前行，想向上就一味地上。所以，我們要在人性這方面不斷地昇華，不斷地修行道性。

所謂的道性就是看到二元——我想要上的時候，我也要知道有下。我要掌握好上下這個統一體，而不是一味地上。善和惡也一樣，既是矛盾又是同一個統一體。所以，當我看到善、想要善的時候，我也要知道有惡的存在，且能守住惡、不丟失這個惡，我就能顧及這個事物的兩面性，也就是整體。

當我看一個人的時候，我看到他是好人，但我也知道他必有壞的那一面。這樣去看這個人才是一個整體。這樣看人的話，對待人就不會片面、不會偏執，這就叫做「道性」。

我們看任何事物都要看到它的兩面性；這樣子，做事才不會走極端。在現實中這樣做事是什麼樣的狀態呢？就是戰戰兢兢，如履薄冰，做事小心謹慎，不張狂，不自炫。即使自身有光明，頭有光環，也要收斂起來。這些都是我們從《道德經》學到的智慧。

聖人的間接經驗

《道德經》有這麼多章節從各個角度告訴我們怎麼改

變人性，怎麼去趨向那個道性。大道之理本來就是至簡，一講就明白，但是要能夠做到卻是太難。人性都是同一個模式：一味地向前，看不到事物的兩面。比如，人想要金錢就會執著於金錢，看不到金錢背後的壞，只看到金錢的好而一味地追逐。所以，很多人都在追逐名利的過程中掉入深淵，甚至有人在得到了以後還死在這上面，這就是凡人。

而得道則是一種昇華。昇華的是看待世間人事物的角度。當角度一變，思維模式就跟著變了。一旦思維模式真的變了，那麼，行為模式就跟著變了。一旦行為模式變了，那麼，決策模式就會跟著變……，這就會影響到生活各方面。

我們每天都會做無數次的決策，每個決策都是一個點，有的是小點，有的是大點。所有決策的點會串連成線，這就是我們的命運。所以，我們的命運是由自己決定的，是由我們每一天每個微小的決策積累而形成的。所有人的命運都掌握在自己手裡，但是，命運其實是由自己的決策來決定的。決策則是由行為模式來決定的，行為模式則是由思維模式來決定的，而思維模式是由我們對宇宙的認知來決定的。

我們對宇宙的認知又是由什麼來決定的呢？那就是我

們平時對世界的觀察、總結、感悟。這當中有直接的經驗，也有間接的經驗，這就是格物的一個過程。

像《道德經》這類經典，其實就是從最根本處給我們提供間接的經驗。這些都是聖人的經驗、得道者的經驗，是我們所不具備的。在現實中，我們的直接經驗達不到這樣的高度，也看不到這樣的視野、角度和格局。所以，我們要從聖人的經典學習聖人的間接經驗。聖人告訴我們宇宙有多麼廣闊，有一種叫做道的東西。聖人告訴我們，符合道的標準就能把握自己人生，走上一條光明坦途，心靈和生命就會愈來愈昇華和圓滿。

那麼，我們在學習這個大道之理（聖人的間接經驗）之前，就得先放下自己先前經歷的直接經驗。為什麼？因為，我們在接觸世上人事物的過程中，會形成自己對世界的認知，我們觀察世界的角度又會影響到認知。這些就彙集而成我們的知見體系，然後決定了我們的思維模式——也就是我們怎麼去看問題、想問題。怎麼看問題，就決定了我們怎麼想問題，從而決定了我們的思維活動，形成我們的思維方式。

因為我們是凡人，看不透宇宙的真相，不知道宇宙的運行規律，所以，我們看到的都是從碎片總結出來的規律。那些我認為的規律其實非常地片面，特別地侷限，甚至到了狹小的程度。我的世界就是這麼小！其實，我的世界取決於我觀察世界的角度，取決於我如何認識這個世界。所以我們要先放下這些直接的經驗。

聖人在經典告訴我們宇宙很廣闊，人應該用什麼視角來看待這個宇宙，應該樹立什麼樣的正確知見。其實，正確的意思就像佛經說的摩訶般若波羅蜜，能把我們帶向圓滿，帶向心量廣大，這叫做「昇華」。道法告訴我們，人之上還有地之德，地上面還有天之德，天上面還有道，道的上面就是大自然。這是一個整體的規律。人遵循於地，地遵循於天，天遵循於道，道遵循於自然。它有一整套的體系。所以，人要法於地、天、道以及自然。

這是聖人給我們的間接的經驗。然後，聖人又透過各種比喻，從各個角度來講解道到底是怎麼樣的規律。聖人透過每一個講解來逐步打破我們這種狹隘的人性，打開我們的眼睛和耳朵，打開我們的身體。

那麼，老子在這章告訴我們的間接的經驗，就是輕和重，靜和趮。

輕狂是滅亡的前奏

【重為輕根，靜為趮君。】「輕」是什麼意思呢？在現實中，我們喜歡強調做事機敏、行動敏捷、決策果斷……，這些講究的都是速度，這就叫做「輕」。

我們不喜歡說話遲緩，目光呆滯，行動緩慢。不喜歡愚，也不喜歡遲鈍。每個人都想在現實中表現出精明能幹，雷厲風行的樣子，大家都想要「輕」。但是，這個「輕」是有前提的。人性是只要一個「輕」什麼都想要快。但道性告訴我們，當你想要「輕」的時候，輕的矛盾體，也就是反方向的力，叫做「重」。「輕」只是我們在現實中的一種表現形式，我要想正確運用這種「輕」，那一定得同時注重「輕」背後的「重」。這個「重」才是根本！如果沒有這個「重」作為根本，你一「輕」就會飄起來了，腳下無根，最後不知會飄向哪裡。這就是人性！到最後必是把你帶入陷阱或深淵，或者讓你找不到方向地飄了。飄就是輕狂，由輕而狂，狂是滅亡的前奏。所以有句話是「天欲其亡，必先令其狂」。人必是先「輕」而後狂。「輕」是向上飛揚、高調，然後才是張狂，接下來就是滅亡。這就是只知高調上揚，卻沒有一個「重」作為根的後果。也就是沒掌握好什麼叫做「輕」、什麼叫做「重」所導致的問題。

在人世運用輕和重的轉化

當你想在世間展露才華、鋒芒，想要表現自我的時候，首先更需考慮的其實是如何收斂、怎麼先穩下來——「重」就是穩重。你不能整個全都張揚、全都高調。要清楚有哪些地方是必須收斂的，什麼是必須守得住、穩得住的，什麼是自己永遠都不能離開的根。你想要高調、張揚、顯露於外、自我炫耀，可以！但不能是全部都如此。你的根要扎扎實實地紮入大地，只去張揚那些能張揚的部分。這就是有選擇性地張揚，也就是運用「輕」和「重」的轉化。

然而，人性就是自己有什麼優點、有什麼好東西都要往外宣揚出去，生怕別人不知道。比如，我口齒伶俐，思維敏捷，精於算計，善於說教，決策果斷，學識淵博，管

理能力強、組織能力優……，只要是自認為好的、完美的，全都拿出去炫耀、表現。因為生怕別人不知，生怕別人看不見，生怕別人忽視自以為的優點，所以才會不斷地強調。這就是現實中的「輕」。

當「輕」積累到一定程度，就會變成張狂；當張狂到達一定程度，就會發展成瘋狂；瘋狂再往前走一步，那就是滅亡。

我們看看世間那些優秀的、有才能的人，往往都死在炫耀與張狂上面。最典型的就是課本寫的楊修之死。曹操為什麼殺了楊修？因為楊修聰明而不知內斂，楊修一定要表現他的聰明，深怕別人不知道自己很聰明，結果就惹來殺身之禍。歷史上有多少人都是這樣，只知「輕」而不知「重」。

老子告訴我們，人生在世要怎麼做事才符合道的標準，怎麼才能夠不放縱人性、讓我們昇華為道性。我們學《道德經》其實就是在學這個。可不是說學了《道德經》以後，我們什麼都要藏著。如果你真的像愚人一樣，決策特別地遲鈍，行為特別地遲緩，天天閉著嘴不說話，那你就只是不敢而已，並不是收斂。不敢、畏怯就是只知「重」

而不知有「輕」，這是另一個極端。當然，這個極端也是人性的一面。

如果你因為聽說道性表現的狀態是戰戰兢兢，如履薄冰，做事謹小慎微，不張揚，不自炫，不外露，因而把自己的優點都隱藏起來，扮得像蠢人一樣，其實這樣也是另一種張揚！因為你把大家都認為好的那一面給收藏起來了，同時把相反的另一面張揚於外，這也不符合道性。

如何在日常修練道性？

道性是活活潑潑的，並不是死板板的。不是只盯住張揚就一味地奔著張揚而去，也不是只盯住收斂就一味地奔著收斂而去。這兩種都是人性。人性只能看到一面。當你只看到張揚的、不好的那一面，因而完全落入收斂這個極端；那麼，你就從一個極端走向了另一個極端，這不是「道」！道必須有機地結合、統一張揚與收斂，也就是「輕」與「重」，這才是道。

我們該收斂什麼，張揚什麼呢？那要看人、事與場合而定。所以，道是活活潑潑的，既有恆常不變之規，又變

易。道隨時都在變。恆常不變之規的是天，變換、遷徙的是地，深藏而不測的是人。我們掌握天地人遵循大道的這個標準，並且在現實中妥善把握，這樣就能接近道。

收起自己的光芒，深藏自己的鋒芒，這跟「國之重器，不可示人」的道理相同。你要自行理解什麼是光芒、什麼是鋒芒，這就是「重」。先把握好「重」，然後在現實中怎麼體現那個「輕」，這就是學問，這就叫做「道學」。

我們要清楚，真正的修道並不是在那打坐、念咒、畫符，那些不是道，那是術！道的真正修行是無時無刻不在修。我們要在日常生活中隨時觀察自己、領悟道心，在我們接觸的人事物中去修煉道性。我們從人性朝向道性去修煉，每天都在改變，每個月都像換了一個人似地，這就是「日新月異」。

修道，就是修心

修道改變的是什麼？改變的是我們觀察世界的角度，改變的是我們對世界的認知，改變的是我們的思維模式、行為模式與決策模式。

真正的修道，修的就是一顆心。心變了，世界就變了。其實世界本無變化，自然、天、地都是按照自然規律地自行運行。但是，為何我的心變了就會感覺自然和天地也都變了？我身處的這個宇宙以及一切人事物怎麼都變了？

其實，外界並沒有任何變化，只因自己的心變了，觀察宇宙的角度就變了。我的心量擴大了，我觀察宇宙的視野和格局也就不一樣了。所以才會感覺好像宇宙都在變，周圍的人事物都在變，其實不然！人家並沒變，變的是我，這才會感覺整個世界都變了。

透過經典來修煉道性

那麼，我究竟是怎麼變的呢？就是透過這些講述道的經典，從中不斷領悟聖人提供的間接的經驗、聖人對宇宙真相的認識、聖人對道的規律的總結。我在經典的引領下，潛移默化地改變，這就是真修行。

學經典是知，藉由聖人幫我們拉到一個高度。在現實中則是「練」，也叫做「行」。在經典中學到的東西，馬上就應用在世間接觸的人事物。念念不忘經典給予的提示，隨時返觀內照自己，檢視自己的模式是否符合經典揭示的道的規律。每次在面對各種人事物的時候，都要確認自己是否守得住，能否不放縱自己的人性。

改變人性是很難的！因為人性就是自己生生世世形成的一種秉性，這已經變成了習性，已經形成了深深的軌跡。但是，現在要開始修道了，就得將自己從人性的深刻軌跡當中脫出，再去形成一套以道為標準的新軌跡，再形成一套深刻在我心的新習性與慣性，最後形成自然而然的一種秉性。那可不是一件容易的事！所以我們要時時提醒自己，時時鞭策自己。

重為輕根，靜為修身的主宰

改掉慣性、習性，那會讓人極度不適應。就以前面講過的「希言」來說，我們就很難做到這一點。更何況《道德經》教了這麼多東西，我們要怎麼練、該怎麼行？

所謂的「希言」，可不是沉默寡言地不說話呀！這裡講的「重」和「輕」亦是相同概念，並不是單純地收斂或單純地張揚。

斂於內與揚於外，是一種陰陽的轉化！我們必須懂得如何平衡陰陽。斂的是什麼？揚的又是什麼？如果光是沉默不語，那就是只知收斂而不知張揚，這樣做就走了極端，不符合道。

什麼話該說，什麼話不該說，我們要了然於心。不該說的話就要深藏於內，半句都不漏，誰也別想探查得到。該說的話就要表現於外，輕鬆自然地想說什麼就說什麼。怎麼拿捏這個尺寸？這就要從人性開始練，不斷地趨向、接近道性。所以，我們要好好地理解「重「和「輕」的意義。

「重為輕根」的「根」就是根本。「輕」是表現於外的，是外在的形式、表象。「重」則像大樹的根一樣，是最重要的。根穩了，樹幹才能長高，枝葉才能繁茂，整棵樹形才能往上生長。一切都以根為基礎。沒有根，就沒有表現於外的樹幹、樹枝、樹葉，甚至果實。

「靜為趮君」的「趮」是動，「靜」是靜止，「君」則是主宰。所謂的「趮」，就是我們在現實中的一切行為舉止，也包括起心動念，這是彰顯於外的。我們在現實中彰顯於外的時候，不能異於常人，要跟常人一樣地怒哀樂，一樣

地行動敏捷，一樣地聰明機敏，一樣地善於決策。但是，我們必須知道，這一切彰顯於外的「動」其實都以「靜」為主宰。不論我的外在再怎麼動、再機敏、再果斷，內心都如如不動。這就是靜和動的一個理。心不動，才符合道。

道心即少私寡欲、安於愚樸

心如何才能不動？俗語說，無欲則剛。內心只有在既無執著也無妄想的時候，才不會被外境所牽，才不會被五欲所迷。「靜」就是「君」，是我們修身的主宰。

怎樣才能做到無欲則剛？怎樣才能做到不被外境所牽引、不被五欲所癡迷？我們就要修道心。

道心就是前面一再提及的少私寡欲、安於愚樸。放下世俗中的小我，放下那些奴役我們的欲望，這就是少私寡欲。所謂的安於愚樸，並不是指我們的外在形象，而是指我們內心像嬰兒一樣地樸素純粹，不被牽引，這是內心的狀態。

我們表面上與常人無異，和其光、同其塵。和眾生接觸的時候，不會特意表現自己的少私寡欲、安於愚樸。我和眾生一樣地奮進，一樣地積極進取，一樣地展露才華，這就是「動」。

但是，這個「動」又與眾生的有所不同。無論外在再怎麼地「動」，內心其實仍保持著少私寡欲、清靜無為、一心求道、安於愚樸的「靜」的狀態。

修道最忌諱的，就是從一個極端走到另一個極端。有人一聽說要安於愚樸，馬上就把名牌衣服全換成麻衣布鞋，恨不得日日三餐都吃清水煮白菜，做事就效法猶和豫那兩種動物的猶豫不決……，這麼做可就錯了！前面講過「我愚人之心也，惷惷呵」。所謂的「愚」，是告訴你要守著「愚」這種心理狀態，而不是在表面形式也變成愚人，不是讓你修了道以後就從一個智者、能人或果斷機敏的人突然就變成了蠢人。

要保持外動內靜的狀態

學《道德經》千萬不要學偏了！表面該是什麼樣子就還是什麼樣子，只不過，修了道之後，跟以前的我相比，心境不同了。現在的我，知道什麼是根本，「重為輕根，

靜為趮君」。雖然在表面上還是跟修道前同樣地「輕」和「趮」；但在以前，我的「輕」和「趮」是沒有根的，內心是沒有主宰的。以前，我要「趮」的時候就全整個身心一味地去動。也因為失了「靜」這個主宰，往往在「輕」的時候就一下子陷入言語描述和發洩當中。因為我失掉了那個「根」，就沒有那個「重」來平衡「輕」。

學了道以後，雖然外在的言行舉止沒有變化，但是我知道自己守得住。現在的我，說話依舊滔滔不絕，但我心裡有了「根」，也就有了分寸。我依舊還是行動敏捷、決策果斷，但我心裡現在已經有了主宰的「君」。我現在的關注焦點已不在外，而是在內。不管說什麼、做什麼，我還得守著我的神。在飛揚的時候，還知道收斂。而且，我知道要收斂的是什麼，因為我守得住。然後，我飛揚的時候，怎麼飛揚都沒問題……。這就是陰陽的矛盾體，就是我們要學的東西。如何融合、統一陰陽的矛盾體，這就叫做「道」。

萬事萬物都有兩面性

人性是一味向著某個方向前去，只追求一個方向卻忽略了另一面。向善的時候就揚善，厭惡的時候就一味地迴避、排斥那個惡，一味地去否定那個惡，這就是人性。道心就是——向善的時候，我知道其實還有個惡，我守著這個惡而不是排斥它。

之後的章節裡還會講述善惡之道，探討如何去統一融合黑白、善惡、光明與黑暗……，這些成組成對的矛盾。

很多人無法理解：「既然是惡，為什麼還要守著它？我要向善，我要去惡！」其實，那樣做就不符合道了！因為，那樣做的前提是有一個善惡的標準，而且你還很重視善和惡的區分。

因為，善其實是兩面的，你認為的惡其實也是兩面的，這叫做「善中有惡，惡中有善」。善的背面就是惡，惡的背面就是善，這就是太極。萬事萬物都有兩面性，這就叫做「道性」。

我們不能走極端。因為善的背後就是惡，所以，如果追求善追得過分了，那就會變成惡了。因為惡的背後就是善，所以，如果排斥惡排斥得過分了，也就把惡背後的善也給排斥掉了。

我們要領悟這個理！從人性變成道性，是思維模式的昇華和改變，這才是修道最重要的東西。至於煉金丹、大小周天、打坐入定，那些都是術，全只是助行（註）而已。修道要從思維模式開始修。思維模式才是本體，要隨時隨地起修才行！

《道德經》第二十六章這段在講輕和重、靜和動的關係，我們在現實中應該怎麼去修。接下來這幾句，其實都是針對這一段的解釋和說明。

【是以君子終日行，不離其輜重。】這裡打了一個比喻。「終日行」的意思就是，得道的人每天都在行動，就像軍隊一樣。軍隊每天都在「行」，「行」就是出征，可能要去征服很遙遠的地方。

那麼，如果要去征服很遙遠的地方，軍隊是不是就應該追求快速呢？只有輕便才能快得起來。一人一馬，帶上最基本的武器，這是最輕便的，速度會很快。如果行軍打仗要

＊註：助行為佛學名詞，是輔助正行得以修成的佈施、持戒、忍辱、精進、禪定，或是般若等六度萬行及諸善法等。正行與助行的詳細內容依法門而有所不同。

追求速度，那什麼都不帶，這樣速度最快。但那只是當下的快、表面的快、臨時的快。因為軍隊要出征的是遠方，一人一馬一樣武器看似輕裝便利，但卻可不長久，一鼓作氣最多只能跑個一天。沒有輜重跟在後面，人疲馬乏，到了晚上都沒有帳篷可睡，也沒有食物可吃，一天就會倒下。第二天，整個軍隊不用別人打，自己就垮了。

這個道理講述的就是「輕」和「重」的關係。如果，將領不把這個道理解得透徹了，不知道這個道理就去帶兵打仗，那就會危害三軍。要知道，軍隊行軍再快，也必須輜重能跟得上。將領在計算速度的時候，不僅要計算馬匹的最快速度，還得計算輜重能跟得上的速度。這就是「輕」和「重」！

向道德經學習統合陰陽兩面

「輕」和「重」不僅應用在為人處事方面，也能應用在我們現實中做的任何決策。哪怕是家庭開支、孩子上學、工作選擇……，這些事情其實都屬於決策層面。當在下決策的時候，你一定得考慮到兩個方面，一是速度，一是長久。

比如，我想把孩子送到哈佛念書，孩子也考得上，但是，我的財力僅能支持孩子到那裡的單程路費——難道，後面幾年的生活費要讓孩子自己去掙？所以，我們在做任何決策的時候，雖然想要最好的、最快的捷徑，但仍得考慮各種方面因素，得考慮長久性。

有人說：「我不管那麼多！既然孩子已經拿到哈佛的入學資格，就一定要去上。去了以後，他就自己照顧自己吧！後面的事我管不了。」這就叫做「冒險」，有些人可能只出一張單程機票就去冒險了。有些孩子透過自己的拼搏或因為遇到好機遇，就上了哈佛，甚至之後功成名就。這種人肯定有，但卻很少，因為這屬於特例。

做任何事，我們都要守住道性。做任何決，策一定要把兩面性全都考慮清楚。孩子上哈佛當然是好的，但是，如果家長後續財力跟不上，孩子留學的壓力就會變得太大。讓孩子去冒這個險，後面的未知情況太多了！目前看來有利的因素，搞不好就會轉化成不利因素了。有些孩子可能扛不住這個壓力，有的則可能因此抑鬱，有些人想回國也回不來……，這都是有利因素轉化成了不利因素，對孩子反而不好。所以，我們在做決策的時候要考慮到兩面性，同時還要考慮到長久。比如，孩子也可以上本地的大學，雖然學校排名不如哈佛，但是後續在家吃住能支撐他安心求學，這樣才能長久。

如果不修道，做決策的時候往往會一意孤行。只看到好的那一面，然後就拼命地朝向好的那一面奔去，忽視了壞的那一面。這就是人性！我們在做決策的時候都是這樣的。當看到一個好專案的時候，大家都在爭搶投資這個專案的機會，就像飛蛾看到火光一樣，蛾只看到火的光明卻沒有看到火焰的危險。現實中有多少人都是這樣失敗的！做專案的時候，只看到了好的一面，只是被它的光芒炫目，被它表面的東西吸引，就看不到背後隱藏的那個負面，所以不知規避風險。太多人不知道這麼簡單的理，做事不遵循道性，這導致世間多少失敗，多少飛蛾撲火的下場！

《道德經》第二十六章告訴我們的不僅是做人道理，也適用於做事。我們做人要有張揚、表現的一面，也要懂得收斂。做事時，遇到再好的機會也要能看到它的危險。這是做決策時要把握的原則，這才符合道！

當惡劣的災難降臨到自身的時候，我也能看到災難背後的機會。當我面臨最黑暗的情況，同時也要知道黑暗的背後就是光明。愈是黑暗，我離光明就不遠了，這就是道！當身臨困境的時候，也能見到光明。我心中有光明，就不會徹底地絕望。當我鴻運當頭、萬事皆順的時候，也不能讓自己變得張狂。這就是道性！

陰陽的兩面性也叫做矛盾，把矛盾的兩個因素給融合統一起來，就是陰陽的矛盾與統一。以上就是我們學《道德經》的意義所在。

第二節　雖有榮觀，燕處超然

【雖有榮觀，燕處超然。】「容觀」就是在現實中飛黃騰達、榮華富貴、萬事皆順的那種狀態。我名利加身，萬眾矚目，頭戴光環，這就是「容觀」。但在「容觀」的同時，我也要做到「燕處超然」。「燕處」是安然自得的意思。「超然」則是超脫於物外。「燕處超然」，指的就是心安如燕，超然於物外。

外在再奮昂，內心仍定靜

其實，正常的人性就是一旦得意便會忘形。當處在這種「榮觀」狀態的時候，人往往就只看到好的一面。因此，當一個人有權有勢有財、人脈通達，誰都管不了的時候，他做事就會任意妄為、隨心所欲、無所顧忌、張揚跋扈。然而，在現實中這樣做事的人，最後都沒有好下場，必定以慘敗或深陷牢籠為結局。

這句「雖有榮觀，燕處超然」還是在告訴我們要守道性。地位愈高，榮光愈盛，愈是榮華富貴，就愈要知道收

斂。所謂的收斂，並不是讓你深藏自己的一切優點，而是你的心理狀態。內心不要執迷於此，不要太相信眼前的絢麗光彩。如果你被這種絢麗光彩所迷，只看到光芒四射，就無法看到光芒背後的黑暗。其實，當你在不斷追逐這個光芒的時候，光芒愈大，那個背後的黑洞其實也愈近。當光芒大到一定程度，物極必反，這個黑洞就會突然出現並吞噬你，到時候再後悔都沒有用了。

那麼，「燕處超然」又是什麼意思？燕子都棲息在高處，高處代表超然物外。我知道自己外表正在追逐絢麗光彩，但同時內心則是站在高處當個觀察者的狀態。當站在高處去觀察的時候，就會發現光明的背後就是黑暗，榮華富貴的背後就是重重的危機和陷阱謀害。這就是「燕處超然」！只有在這種狀態下，才能守得住現在的榮華富貴，才能躲得過危機四伏。這樣才能長久，這就是守道的標準。

地位愈高，愈需注重品德

接下來，老子再次闡述「輕」和「趮」的概念。

【若何萬乘之王而以身輕於天下？】「萬乘」是大

國。「若何萬乘之王」的意思是，身為大國之君更需要知道這個道理。什麼是「身輕於天下」？大國之君就是天下的根基。雖然大國之君也是人，卻是全天下最為貴重的那一位。

為君者要深居簡出，安然不動，修身守德，無為而治，讓天下按照道的規律來運行。這就是天下「輕」、君王「重」。君王和天下眾生形成了一陰一陽的對比。

所謂的「重」，就是守那個重德。國家愈強大，君王對自身的要求就應該要愈高、愈自律、愈能夠識道統、愈能夠遵守倫理綱常。

那麼，君王如何守那個重德？答案就是積善行德。那麼，何為善，何為德？遵從道的規律去行事，這就是善，這叫做「善行」。積善而成德。不斷地按照道的規律去運行，守住道運行的規律，積少成多，積小成大，這就是德。善為小德，德為大善。

所以，愈是身負重任者，就愈要注重自身的德，做事就愈要符合道的規律。君主是天下最為貴重的人，是天下之根。根不能隨時動搖。所以，君主不能任意妄為、隨心

所欲、輕浮暴躁。根一動，天下皆危，那必是民不聊生，四時不調，災害不斷。

比如，身為大企業的老闆，就要特別注重自身的道德品行，如何做到無為而治、守住道統、確立綱常？有多少大型企業就因為老闆不守道行、品德不端、任意妄為，將一個很好的企業帶入危機，甚至萬劫不復。自古以來這種例子太多了！所以，身為老闆、天下君主，以及在家庭裡面擔任父親的人，都要識道統。所謂的道統即是大道運行的規律，也就是守德行。這樣的話，天下皆安，企業皆安，家庭皆安。

重其根就是往內修

【輕則失本，趮則失君。】「輕」了會失去什麼本呢？「趮」了，失去的又是什麼君呢？這句和第一句有著連帶關係。如果你輕率張揚，不知收斂，就會失掉你的根本。「重」是根本。就像一棵大樹，如果你只注重修剪地面以上的樹幹、樹枝和果實，忘了對樹根的呵護，甚至還弄斷樹根，那麼這棵樹就死得快了，你再修剪得再好都沒用。

要想樹幹、樹枝和果實真正修得好，不是要在樹的上面做什麼工作，而是要好好地去培植、鞏固樹根。根加強了，樹的外表才能長得好。這就是從根本來治，這就是理。

人也一樣。一個人的修為絕不是外在的修飾，在自己身上裝飾，在自己學問拓展…，這些都只是「樹的外觀」。我們想讓自己真正變好，一定要向內修！學會內觀之道、學會守神之道。我們要知道什麼是道的規律，道的規律就是道統。按照道統來指導我們現實中的綱常、德行。我們要隨時知道收斂、敬畏、誠信，這就是在修，向內修我們的根。

人如果根基修得好，就會有神光，不自顯而外露。土是包不住金子的！所以，你別擔心自己不表現出來，大家就不會知道你的聰明機智與才幹。只要你把樹根培育得非常好，根特別地鞏固，營養特別地充分；那麼，你這棵樹必定會枝葉繁茂、果實累累。外形的東西並不需要刻意去裝扮，那些刻意的裝扮都只是金玉其外、徒有其表，長久不了的！

動靜相兼，方為道的準則

「輕則失本」。「輕」是表現於外的意思，也就是表

現於外在的言談舉止。如果太注重形，就會失了根。所以，真正的修心、修身、修家、修企業、修國家，其實都要注重內修。這就是重其根。

「趮則失君」其實是同一個道理。如果你只知動卻不知靜，總是大動妄為，妄作則凶，就會帶來危機和兇險，最後就是覆滅。

動靜相兼，方為道的準則。知動守靜，才能不失其「君」。「君」就是主宰。前面那些章講的內容其實也是這個意思。這章只是換一個新角度來告訴我們：在現實中為人處事要怎麼去遵循道的運行，怎麼才能主宰自己的命運。

在每個當下形塑自我人生

其實，人一生中的禍福、富貴和悲喜，都掌握在自己的手裡，都由我們每一個決定來主宰。有句話「可憐之人必有可恨之處」，就是說那些命運乖張者、諸事不順者、屢被謀害者、屢被欺騙者，他們的悲慘其實都是自己造成的。如果你看看他的為人處事，再看看他的分析判斷，他必有可恨之處。所謂的可恨之處，就是不循道規與道法的地方。比如，不圓融、不識人、一意孤行、任意妄為、不知進退。就因為有了這些可恨之處，所以才淪為可憐之人、可悲之人。

我們學了道，就要知道如何脫離自己的悲苦命運，這叫做「昇華」。昇華就是改變模式，做事都要依循天地之規，遵循大道的運行；如此一來，命運當下即有改變。學道並不是為了讓自己死後能上天堂。真正的學道，講究的是當下。當下悟，當下改變自己，當下命運就變了，學道講究修今世。道不重死，也因此，道家講壽、講長生久視，講的全都是活著的事。

佛家講的是往世和來世。所以你要修千生萬世，渡過八萬四千劫才能成佛。道家可不是這樣！而是講今生。所以，道法告訴的都是當下你應該怎麼起心動念，應該怎麼做事，應該怎麼決策，應該怎麼做人。符合道的標準，你的命運立刻就開始改變。道並沒有那麼地虛無飄渺，而是當下行，當下就能見道果。

所以，我們要好好領悟這一章。領悟是知其理，學理之後要重其行。行才是最重要的！這樣才能改變我們的模式、改變我們的習性慣性，才能建立一整套新的、符合道

統與道規的思維模式、行為模式、決策模式，我們的人生就會因此改變。這就是二十六章給我們的提示。

第八章

是謂妙要——《道德經》第二十七章

這章提到「五善」的概念，告訴我們在行動、溝通、決策、心理與管理的最佳準則。並說明得道者如何地落實這些準則。

第一節　五善的境界和標準

《道德經》第十五章

【善行者無徹跡，善言者無瑕適，善數者不用檮策，善閉者無關籥而不可啟也，善結者無纆約而不可解也。是以聖人恒善救人，而無棄人；恒善救物，而無棄物，是謂襲明。故善人，不善人之師；不善人，善人之資也。不貴其師，不愛其資，雖知大迷，是謂妙要。】

老子在這一章提到了「五善」：善行、善言、善數、善閉，以及善結。最高境界稱為善，「五善」就是五種行為的最高境界。

做事要低調、不張揚

【善行者無徹跡。】「善行者」，也就是善於行動、執行力很強的人。「善行者」做事的最高境界就是「無徹跡」。古代的「徹」字跟車轍的「轍」相通。「無徹跡」，就是毫無車輪的痕跡。

古人外出時有車馬才會速度快。善行者的最高境界，就是讓人看不到他車馬行駛過的痕跡。也就是趨於無形。這種人駕著車出去做事，卻又能不被別人發現，這代表他很會藏匿蹤跡。這個道理套用在現實生活中，那些做事很高調、張揚的人，必定做不成事。如果真正地想把事情做成，必是在大家都不注意的時候去做。隱藏自己的蹤跡，不讓別人看出自己的意圖，這就叫「善行者無徹跡」。

這句「善行者無徹跡」告訴我們，在現實中要如何做事才符合道的規矩、規律。我們在做事之前，一定要低調、不張揚，甚至要保密，這是最基本的原則。我真正想做的事、我想達到的目標，不能提前宣揚出去。一旦意圖和目標被大家所知，這件事基本上也就做不成了。

想要事業成功就得保密

為何如此？因為，人做事不外乎為了求名求利，基本上就是這兩個目標。名和利是所有人都想要的，當你去求的時候，別人也在求。所以，我們在做事的過程中不可能沒有競爭對手。而且，競爭對手隨時都存在，甚至就是身邊的人。所以，我們要想做事成功，有個基本條件就叫做

「知己知彼」。我們不僅僅要知己，更要知彼，知道競爭對手到底在哪裡、他們想要做什麼、他們行動到了什麼程度……。基本上，。當我清楚知道競爭對手的所有動態，就掌握了一半以上的成功。所以，做事若想成功，絕不可以一味地埋頭去做，不可以只做好自己、不去管別人，這樣做，最後一定會死得很慘！

那麼，如何做事才能夠符合道的標準，怎麼才能向最高境界去修煉呢？事不密不成。消息不外漏，這叫做「密」。我們做事的時候，一定要隱藏好自己的意圖和目標，不讓外部人士或競爭對手知道我要做什麼、我在做什麼，甚至也不要讓內部不相關的人得知。

歷史上有太多這種教訓了。有些人想法特別好，有能力也很努力，但就因為守不住密而被別人搶先，導致自己事業無法成功。所以，做事的第一步就是要守住機密。

做事的第二步則是耳聰目明。不僅自己要守住秘密，同時還要看清對手，知己知彼。

知己知彼是百戰不殆的前提。守住機密則是不讓對手也知己知彼。因為我就是他的彼，所以我不能讓對方摸清我這邊的狀況。一旦我被對手摸清了，我的致命弱點就會暴露，這時就別想成功了。

現實中做事的目標不是名就是利，名和利是所有人都想的。當你看到某個方向、某個目標有名或有利，可別光顧著拼命去爭，那樣的話，所有人就都能看到那個目標了。如果只有你看到了那麼大的名和利，那你就要在別人還沒看到的時候秘密前行，不能讓別人發現你看到了什麼。成功最基本的前提就是，別人沒看到，只有你看到了，然後你悄悄走向目標；當你已經達到目標，已經拿到那個名或利，這時別人才發現，你就成功了。

千萬不能在別人沒看到的時候，就大張旗鼓地向外宣揚你看見了名利，而且要努力向那裡前進。這樣的話，就讓別人也看到了，就會招來競爭對手，這些對手就會成為你的阻礙……，結果，你怎麼死的都不知道。

做事要守住「善行者無徹跡」的標準才是最高境界。我們做任何事情都要知道深藏。所以，《道德經》在後面的第三十六章會講一句：「國之利器不可以示人」。你真正的想法、目標、意圖、方法，是不能讓別人知道的，一旦洩漏出去就會產生障礙。

善言，就從慎言開始

【善言者無瑕適。】「言」就是言語，言語是為了溝通，所以這裡的「言」其實就是溝通的意思。「瑕適」是瑕疵。溝通最高的境界較是天衣無縫、滴水不漏，這就是「無瑕適」。

如何在溝通方面做到「無瑕適」（沒有瑕疵）呢？關於這點，《道德經》在前面已經講了很多，像是「希言」與聖人行不言之教」，全都在告訴我們要閉嘴。

言多必失，話說多了一定會有失誤；一旦有了失誤，你不知道自己會得罪誰。長袖善舞的人若總是滔滔不絕，以為自己在奉承別人，但是，搞不好你正在揭別人的短。好為人師的人，覺得自己在規勸或教化他人，但卻忽略了一項事實：人心最難測。

什麼樣的溝通方式才是沒有瑕疵、接近完美的最高境界？接近完美，就是接近道，也就是做到「不言之教」，做好自己，少議論他人。

愛發洩、好為人師都是病

「希言」的意思就是閉上嘴，別總在發洩自我或對他人說教。如果你在現實生活中管不住嘴，總是宣洩，就把你的底全給漏出來了，這是不應該的。別人對你非常瞭解，你卻不瞭解別人，那麼，你做的任何事情就像透明的一樣，這就犯了大忌。

滔滔不絕地發洩是一種病，這種人的內心焦慮恐懼，不敢靜下來。好為人師也是大忌，也是一種病。

不管跟誰在一起的，都想去教化別人、指導別人。但是，有誰會想當你的學生？所以，愈是想當老師、想當菩薩，就會表現出一種控制欲，擺出高高在上、居高臨下的姿態，這必然會傷害別人。即使你是出於好心而天天講道理給別人聽，以為這樣就是對別人好，但實際上是你自己心態有問題。請放下這個「你以為」！每個人都活得很明白，沒有誰會需要你為他好。

滔滔不絕、好為人師，這兩種溝通都瑕疵太多。所謂「希言」並非不溝通。正常情況是，跟大家該怎麼說就怎麼說，但要做到低調、不張揚，要放下「自是」與「自見」，

也就是自以為是和自我炫耀。如果同時還放下了「自矜」跟「自伐」，那麼，你就沒有恐懼也沒有焦慮了。當你既不恐懼也不焦慮，且不自以為是、自我炫耀，你就治好自己的第一種病，也就不會滔滔不絕地發洩了。

如果要治好第二種病，就要謙卑。不管我擁有多大的名利，身份地位有多高，學識有多淵博，都要保持謙卑。人謙卑了就會低調，就能治癒這個好為人師的毛病。治好了這兩種病，就不會說出那些自以為有用的話，就能做到「希言」。

「希言」不等於無言、沉默。「希言」可以擁有正常的七情六欲，就算是嬉笑怒罵、風花雪月也都沒問題。但我們要謹記著，「希言」行的就是「不言之教」，這就是「善言者無瑕適」的真義。

從修道的角度來講，我們要不斷在這幾方面提升自己，儘量達到那個最高的境界。第一個就是做事行動要守準則。第二個是溝通要守準則。第三個則是「善數者不用檮策」。

深藏不露才是真精明

【善數者不用籌策。】什麼是「善數」？做事精於算計、有心機，這叫做「數」。「數」也可以解釋成計畫、規劃。我們做事要有準備。所謂的「善數」，就是善計謀。如果沒有計謀，什麼事都直接去做，別人一眼就能看出你的意圖，那就什麼事都做不成了。不善於算計，不善於籌策，不善於運籌，做事必定無法成功。「籌策」就是計算的工具。比如古人占卜用的龜殼和蓍草，後來的人用於推演的沙盤、紙筆、算盤，以及現代人使用的計算機、電腦，都屬於「籌策」。「籌策」是用於運籌的。

做事想要運籌帷幄、決勝千里之外，就必須算計，做精確的推演。因為，任何事情要成功必有它的邏輯。所以，我們必須發揮強大的邏輯力去分析判斷、推理、決策，才可能找到捷徑，才能用最少投入獲得最大產出，以最快速度達到最高、最遠的目標。所以，我們必須運籌。

那麼，運籌達到最高境界的人（「善數者」）是什麼狀態？這樣的人連「籌策」都沒有，也就是連運算的工具都沒有，所以你看不出來他在算。心機最深的人一定是看

似質樸、不會算計的人。

最機智、敏捷的人必定深藏不露，他表現出來的都是木訥愚癡的樣子。真正精於算計的人，看似話不多、行為遲鈍，平時也不算來算去，不會天天做規畫。他看起來非常地質樸，特別地純真。大家都覺得這樣的人隨時會吃虧、會掉進陷阱。所以每個人都不會提防他，甚至會同情他，想要去幫他。這樣的人才可能是真正的高人，最精於算計的、最機智敏捷的就是這樣的人。你看不出來他在算計，這才是算計的最高境界！

做事守道就是最高境界

老子告訴我們，做事遵守道就是最高的境界，我們要朝這個方向去修行。前面講過得道者是什麼狀態，這裡又提醒我們要去守住這個道。

那麼，我們怎能守住這個道呢？放下高調，保持謙卑，戒除張揚，做事深藏不露。最忌諱自以為是、自我炫耀。當我們戒除掉自以為是、自我炫耀的毛病，心才能穩定下來，才能靜下來。

「重為輕之根」。重要的事情要深藏心裡，藏而不露，這才是重。「靜為趮之君」，心要靜下來。這段和前幾章的內容高度重疊，老子從不同角度來告誡我們，在現實中該怎麼做事才符合道。

攻心為上的成功學

【善閉者無關籥而不可啟也。】「關籥」就是閉，封鎖的意思。善於封鎖、關閉的人，如果你想知道他內心的真實想法，你是沒有鑰匙能開啟他的。世間沒有哪一把鑰匙能開啟他的心扉，這就是成大事者必備的素質，這種人就叫做「善閉者」。

無需去封閉別人，「善閉者」封閉的是自己。為什麼要封閉自己？前面講過，真正善於做事的人，真正能夠成功的人，都必須要重、要靜。「善閉者」把想法深藏在心中，連身邊最親近的人都不知道他的真實意圖、他在想什麼。把自己的想法和意圖藏得毫無痕跡，讓別人無法追蹤也窺視不了，這就是「重」。

《鬼谷子》(註) 裡面就講述很多這類方法。要想做事

成功，首先就要封閉自己的心，不讓別人窺探，同時還要打開別人的心扉，進入別人心裡。只要打開別人的心扉，知道別人深藏不露的東西，你就能治住對方。

有句話說得好！「勞心者治人，勞力者治於人」。勞心，就是費盡心機地掌控對方的心，進入對方的心中，知道他心中有著什麼。如此一來，就能知道對方愛什麼、喜歡什麼、放不下什麼，也就知道對方恨什麼、害怕什麼……。當勞心者知道了這些，就能牢牢地掌控對方，這就是「勞心者治人」的意思。

「勞力者治於人」。勞力者只知在形體上表現，不知道封閉自己的心，也不知道可以去窺探別人的心，更不知道如何掌控別人的心。所以，勞力者永遠都是「治於人」，也就是被勞心者所治、被勞心者利用。

保有自我私密的餘地

老子在五善裡把「善閉」當成一善。我們在現實中要

＊註：《捭闔策》又名《鬼谷子》，是一本探討謀略、權術、辯論技巧的書。據傳作者為戰國中期（西元前四世紀）的鬼谷子，他是當時的政治外交專家，為縱橫家的鼻祖。

努力做好「善閉」這一點，不能成為透明人。透明人就是真正地純真和坦蕩，這就是勞力者，永遠都會「治於人」。

其實，「善閉」與坦率真誠無關，每個人都必須有自己的封閉空間，拿捏好內外之別，這也是陰陽的理！我們表現於外的部分，可以是信任別人，可以是坦蕩。但在內心，我們必須要有個陰來和我表現於外的陽進行平衡，這就是道。

萬萬不可一味地打開心扉，一味地追求純真坦蕩，修成這樣的就修偏了，最後連自己怎麼死的都不知道。

不以有形規範去強制他人

【善結者無繩約而不可解也。】「結」就是控制的意思。「善結者」其實就是勞心者。所謂的勞心，也就是治人、控制別人。

控制人的最高境界就是，看似沒有控制任何人，但是，所有人都被他牢牢地掌控著。「繩」是有形的規範，「善結者」不用有形的規範去強制他人，「善結者」也不會透過說教來控制人，但他就是能牢牢地抓住人心，誰也

跑不了。這樣的人就叫做「善結者」。

要想做事成功，必須要會用人。用人、控制他人的方法不外乎以下兩個要點。第一點就是投其所好，知道對方想要什麼，然後給他，跟他交換利益。第二點就是攻其所畏懼。知道對方害怕什麼，然後恐嚇、威脅對方，強制他非照你意願去做不可。其實，這兩種方法都屬於下乘，並非最高境界。管理的真正最高境界是：既不引誘，也不威脅、恐嚇他人，但人家依然心悅誠服地跟隨你。這就是「善結者」！沒有了「繩約」，也就不使用有形事物去束縛對方。正因為無形，所以誰都解不開。

無形是最高的境界

上述的「善結者無繩約而不可解也」，道理就跟「善閉者無關籥而不可啟也」相同。

為何沒有人能開啟「善閉者」的心扉？因為他不是用有形的鎖來關閉自己內心，所以也就沒有鑰匙。沒有鑰匙，自然就無從開啟。即使是銀行的金庫也得有門，門上還要有鎖。但是，再結實的鎖、再複雜的密碼，只要是有形的，就一定能被破解。只有無形的東西才讓人無法下手破解。所以，無形就是最高的境界。

我們在現實中修行，就要按照這五善的境界和標準去要求自己。隨時返觀自己是否為「善行者」、是否為「善言者」、是否為「善數者」、是否為「善閉者」、是否為「善結者」。如果這五個方面都做到了，那就離成功就不遠了。

修好這五個方面，就是真修行。在這五個方面都修到了最高境界，那就離得道不遠了。真正的道，其實就在日常事物當中，我們要不斷地反省自己，不斷地返觀自己，不斷地修正自己。在這個過程中，慢慢地體悟和領會道的真實涵義。所以，真正地修大道，必定要在紅塵裡起修。

第二節　不善人，善人之資也

《道德經》第二十七章的前半段講述「五善」，這五種行為準則可應用於做人處事方面。後半段的內容則進一步拉高境界，描述得道者（聖人）如何地落實這些「五善」。

聖人與萬物保持和諧關係

【是以聖人恒善救人，而無棄人。】如果從字面來理解「聖人恒善救人」，就會解讀成：聖人總愛幫助他人，大公無私，救度天下蒼生，不放棄任何一個人；所以，即使是再惡劣的人，聖人都會想去救濟。但如果從字面這樣去理解，那就不符合《道德經》的本意了。

如果聖人還想著救人、救濟天下之眾生，那就會落於有形。為何會這樣說呢？因為，想去救濟天下眾生，是因為覺得天下眾生苦，覺得天下眾生悲慘。會這樣想的就不是聖人了！聖人的眼中哪有眾生？如果這個人的眼中有眾生，他絕對不是聖人，而是應該叫做「偉人」！偉人才會心有眾生，偉人認為眾生皆苦，然後天天去救度、救濟。

但，這樣做就落入了有形。

所以，我們該怎麼來理解這句經典呢？「救」在這裡不能解讀成救濟或救度。那麼，聖人和眾生之間又是一種怎樣的關係呢？聖人就是天下眾生皆能為我所用，但是，這個「用」可不是利用或操縱。利用和操縱是有形的，是加入意識的，那是下乘的境界。

「聖人居無為之事，行不言之教。」所以，聖人不會去有意地算計、利用眾生，也不會主動地幫助或救度眾人。聖人只需做好自己，然後，天下眾生就會以聖人為榜樣，心悅誠服地追隨他、為他所用。

「無棄人」就是說，任何人都能被聖人所用，沒有人是毫無價值的。我們要深切理解這句話。每個人在追隨聖人的過程中，並不會感覺自己為聖人做了什麼，而是覺得自己做的每件事都是為自己而做。不管是獲得成功也好，或是展現自己對社會的價值也好，聖人的追隨者都會覺得這是為自己做的。

這就是聖人和眾生之間的關係！也只有這種境界才能達到上述的五善。聖人看似沒有算計，但是他有大智慧。

聖人看似不言，但是他規矩森嚴、當機立斷。所以，眾人才會心悅誠服地追隨聖人，並且自行去感受、領悟聖人的不言之教。

聖人做好五善，不控制他人

【恒善救物，而無棄物，是謂襲明。】前面兩句的意思是，聖人不會鄙夷、不會讚美、也不會放棄任何一個微不足道的人或物。

「恒善救物」的意思就跟「古者庖犧氏之王天下也」(註)相同，後面這句的「天下」包括了物與人。天地不言，萬物自化生，這是聖人的最高境界。真正的聖人不僅跟眾人之間保有上述的關係，他跟宇宙萬物之間也都是相互和諧的關係。

聖人一直都很清醒（「襲明」），他知道事物發展的狀態和規律，所以不去控制，進而在這種狀態做到五善。

【故善人，不善人之師；不善人，善人之資也。】自古以來，各家對於《道德經》的注釋都很難妥切地解讀這句話。

「師」就是師者，傳道授業解惑的老師就稱為師者。至於「善人」，就是前面提過「達到最高境界的人」。相對來講，就是比較圓滿或是比較完美的人，也就是真正接近得道的人。那麼，「不善人」就是尚未得道的人，也就是完全不知曉何謂道，或是還無法掌握道的規律的人。

「資」是借鑒的意思。

從字面上來理解，這句「不善人，善人之資也」翻譯成白話，就是：那些還沒有得道的人的行為，對於得道的人來講，就是一種借鑒啊！意即，得道者就是尚未得道者的老師。

基本上，大家都是這樣地從字面來解讀這句。但是，這種解讀其實不太符合《道德經》整體的核心思想。

既然「善人」是得道之人，他必是低調謙卑的，所以不可能去指導那些還沒得道的人要如何做。前面那些對得道之人的描述其實都是反話。得道的人絕不會在現實中表現出高人一等的樣子，也不會表現出特別地機敏、果斷，更不會表現出知識特別淵博可以教導大家的樣子。得道之人在現實中的表現，反而是特別地木訥，甚至是安於愚蠢。

試想，一個人若一付出木訥、愚蠢的形象，誰還會拜他為師？誰還想聽他指導？

聖人是真正的得道之人，所以他反而會放下教化、救度眾生之心。大家會向某個人學習，通常也不是因為那個人有多麼出眾的智慧，因為大家學的都是世間的技能。而真正的得道之人掌握的是大智慧，而這種大智慧是不可顯露於外的。

所以，我們不能從字面去解讀這段話。而是要結合前面說的五善，逆向地理解這段話的真意。身為得道的人，必須要放下好為人師的心態，放下救度眾生的念頭，這個世上並沒有人需要你的指導或救度。

這樣地解讀「故善人，不善人之師」，意思就能跟前面那句「恒善救人，而無棄人」一致了。

要去除高高在上的心態

天天想著救度眾生、救濟天下的才不是聖人，那叫做「偉人」。偉人不一定能給社會發展帶來好處，搞不好帶來的是衝突甚至是殺戮。人之所以會有救度天下的想法，就是因為覺得自己立場比別人高。但是，這種狀態與心態就違背道了。

真正的得道者，絕不會屹立於萬仞之巔，絕不會以俯視大地的姿態來凌駕他人。得道者必會放低身價，處於最低處，就像山谷和大海地包容、接納。所以，我們要向得道的人（也就是「善人」）去學習。首先要學的就是放下好為人師的心態。

「不善人，善人之資也。」如果從《道德經》提示的核心思想來看，我們又該如何解讀這句？

「資」在這裡的意思可說成「利用」。每位眾生都會控制、利用他人。這個「資」並不是向外幫助的意思，而是指大家都精於算計，每個人都想著如何才能把別人的東西據為己有，就像《三國演義》曹操說的「寧可我負天下人，不可天下人負我」。身為大眾的「不善人」，反而最善於利用天下眾生！

得道的人必須要去除「師」和「資」這兩種心態。真正得道的人就是聖人，聖人做事必是「為無為」，最後達到「無不治也」。你看不出聖人到底在做什麼，他既不算

計眾生，也不為眾生之師。所以，並不是說得道的人就不必做事了，而是做事要有這樣的境界。

我們要不斷地向無為這個角度去修，但是，要想達到「無不治」卻是大而高遠的目標。老子看似一生沒做過什麼，他既不是王，也沒有多富貴，更沒有豐功偉績，但老子就是安安穩穩地做好自己，並且留下五千言的《道德經》，最後西出函谷關不知所蹤。但是，老子卻被後世頌揚了兩千多年，名留青史。直到現在，大家還在學習老子，追隨其思想。老子就是無為而無不治，以其無私而成其私。老子並非沒有目標，也不是無能做事，他這是最高境界地做事！

不貴其師，不愛其資

如果你真的想透過修行而得道，那麼，在現實生活中做事的時候就要注意「不貴其師」。

【不貴其師，不愛其資。】「不貴」就是放下。你要放下教化與救度的想法，不能把這種有形的、所謂的無私當成修行的方法或手段。你要保持質樸，儘量不耍心機，也無需刻意去表達自我。

怎樣做事才能達到最成功的境界，而且讓別人都看不到你的行跡？如果心中沒有一個有形的目標，就沒有人能摸透你了。一旦你心中有一個有形的目標，你任何行蹤軌跡都會被別人摸到、看到。怎麼才能溝通「無瑕適」呢？當你的溝通沒有一定的目的，那就沒有瑕疵了。

但我們要清楚，這裡所說的「沒有目的或目標」可不是盲目！聖人「因其無私而成其私」，那麼，聖人到底有沒有私呢？「私」就是目標。聖人其實是有目標的，但那個是很大的目標，宏大到無形無象，看不到邊際。

我們怎麼做到這一點呢？先從「不貴其師，不愛其資」這兩點開始做起。

「不貴其師」意指：不要好為人師！所以，千萬不要覺得我比別人強，不要想著我要去救度誰、度化誰……。先放下這些念頭，然後，我就能保持低調、謙虛與卑下，才能一點點地放下身段，才能真正地海納百川。

「不愛其資」意指：我不想去控制誰，也不想去利用誰。所以，放下控制、利用他人的念頭，一點點地修。你一旦想控制誰或利用誰，馬上就會露出形跡，就會引起別人反感。而且，你和對方之間就會變成利益交換和博弈的關係——你想去控制他，他也想來控制你；你想利用他，他也想利用你；你想算計誰，最後算來算去都會算計到自己身上。

所以，聖人（真正得道的人）要從「不貴其師，不愛其資」來修，放下「師」與「資」，只做好自己分內之事。這樣地「因其無私」，最後才能「成其大私」。

大智若愚，就是悟道了

【雖知大迷，是謂妙要】。如果你真的能做到這一點，那你就領悟了道的微妙、道的要素，這叫做「雖知大迷，是謂妙要」。

「知」在這裡是智慧的意思。

「雖知大迷」，雖然我有智慧，但是我表現出來反而是糊塗的樣子，給別人的感覺好像是迷糊的。別人都想幫助我，都想同情我，都想給我指明方向。就讓別人好為人師，就讓別人覺得我非常容易利用、特別容易被算計。

「妙要」就是微妙、要素的意思。

所以，這句話是針對什麼人說的？就是那些聰明、有能力、表現優秀、愛表達、喜歡自我炫耀、總是自以為是的人。會對道感興趣又能走上修道這條路的人，一定都是現實社會中的佼佼者，都是上層菁英，也就是根性和福報都不會太差的人。因為，福報太差的人要為生活奔波，很難生起求道之心。所以《道德經》的這些話，全都是針對這類佼佼者所說，告訴他們怎麼才能夠入道門，怎麼才能夠走上修道的正路。

《道德經》第二十七章從另一種角度更具體地告訴我們，在現實中怎麼做事，怎麼為人，怎麼才能得道，怎麼才能得到成功。我們要好好結合現實中的耳聞目睹，包括我們聽到一些人物的成功與失敗，再回頭思索《道德經》給我們講的這些理，是不是很有道理！

第九章

歸於嬰兒
——《道德經》第二十八章

任何事物都有陰與陽這兩面。
掌握住陰陽消長轉化的原則，
並應用於為人處世，
這就是仁，就是德，也就是道。

第一節 任何事物都有陰陽兩面

《道德經》第二十八章

【知其雄，守其雌，為天下溪。為天下溪，恒德不離，複歸於嬰兒。知其白，守其黑，為天下式。為天下式，恒德不貸，複歸於無極。知其榮，守其辱，為天下谷。為天下谷，恒德乃足，複歸於朴，朴散則為器，聖人用則為官長，夫大制無割。】

《道德經》講透了陰陽轉化的規律。這段講述成組成對的雄雌、白黑、榮辱，前面也講過一對對的善惡、好壞與美醜，都在探討我們該怎麼運用這些陰陽轉化。但是，這裡講的成組對立的陰陽，跟前面談的既相似又有些許不同。

知雄雌，然後因勢利導

【知其雄，守其雌，為天下溪。】雄雌是一對陰陽，這兩者是有對立性的。「雄」就是陽，是主動、進取、有力量、善於進攻的。「雌」正好相反。「雌」是陰，是柔弱、安靜、善於包容的。

到底是「雄」好還是「雌」好？聖人告訴我們：「知其雄，守其雌」。「雄」和「雌」，一個是「知」、一個是「守」。

「知」可以是智慧，也可以是表現。「知」道就是張揚於外，「守」則深藏而不露。張揚於外的這個「雄」代表著主動、進取、攻擊與力量，這是我們想要的。但我們在想要「雄」或在現實中運用「雄」這種剛強力量的時候，要知道還有個「雌」，所以必須要守得住、要深藏。這就是陰陽在安守與進攻、剛強與柔弱方面的運用。

從道的角度來講，一味地表現出力量、表現出雄性的剛強、主動進攻可不是正確的做法！「雄」和「雌」之間可以相互轉化。真正的得道者，必有恆常不變之規。這個恆常不變之規就是：陰與陽都在我的掌握中。

既不偏重陰也不偏重陽；既不恆常地動，也不恆常地靜；既不能說靜是好，也不能說動就是好；既不能說柔弱就是好，也不能說剛強就是好……。不變之規就是變，要因勢利導。

因勢利導，是地之道

那麼，「知其雄，守其雌」能否在一定條件之下變成「知其雌，守其雄」？當然可以！這就是柔弱與剛強的陰陽轉化之理。

有時候需要表現剛強，有時候則是表現柔弱反而勝於剛強。這就是因勢利導，是地之變化的規律。

陰陽的平衡與轉化是不變的天之道。在一定條件下，陰陽的消長及轉化就是變。常變，因勢利導，這就是地之道！

人的作用就是一手掌天、一手應地，這就叫做「仁」。

如果掌握了動與靜、柔弱與剛強、安守與進攻的消長與轉化，那就能做到「為天下溪」。「溪」的意思就是：像深藏於山澗的小溪，看似不張揚，但是，到了該張揚的時候卻比誰都張揚。小溪看似贏弱、細小，看似沒有力量，讓人忽略它的存在。但是，當溪流彙集成江，奔騰而至大海的時候，就能看到它彰顯於外的強大力量。小溪看似至柔至弱，其實是至剛至強。誰擋住它的去路，它就會摧毀誰。

【為天下溪，恒德不離，複歸於嬰兒。】「嬰兒」就是事物最本質的狀態。前述的「雄」剛強、「雌」柔弱，那都是事物的表面。只有在「恒德不離」這個狀態之下才能掌握好陰陽、掌握好雌雄、掌握住道的恆常不變之理。道作用於人間，而我們則是掌握並運用道，這就是德。

「恒德不離，複歸於嬰兒」是無為之道，是最質樸的，也是我們的來處。

【知其白，守其黑，為天下式。】如果從理上來講，「黑」與「白」這一組陰陽其實是相近的。

「白」是光明、完美、善。現實中的人都希望把光明、完美、善顯示於外。「黑」則是「白」的對立面。如果「白」是光明，那麼「黑」就是黑暗、幽冥。如果「白」是完美，那麼「黑」就是不完美、缺陷、有漏。如果「白」是善，那麼「黑」就是所謂的惡。

「守」是深藏的意思。

「知其白，守其黑」就是：我不僅知道有白，同時也知道有黑，因為黑的存在是合理的。這就是如何看待事物的兩面性。

我們覺得聖人「知其白」：一味地追求白，最後變成

至白，這其實是一種錯覺。真正的聖人並不是完美的人，不是趨向於至白的人。真正的聖人必像一個完整的太極，既有白的這一面，也有對應白的那一面黑；而且黑與白在聖人身上是接近平衡狀態的。

凡人和聖人的區別在哪裡呢？凡人要嘛偏向於「白」而壓抑了「黑」，甚至要滅絕「黑」；要嘛就是過於「黑」，過於惡、過於自私而壓抑了「白」、不要「白」。所以，凡人就是對黑與白的偏執者。而聖人則是讓黑白趨向平衡，在內心當中保有內外平衡，也就是接近太極的狀態。這就叫做「為天下式」。「式」就是榜樣、示範的意思。

第二節　聖人是歸於無極的狀態

前半段講述了雄雌、白黑就像太極一樣地成組對立。接下來進而闡釋這種陰陽對立的道理。

無極是陰陽達到平衡

【為天下式，恒德不貸，複歸於無極。】 這句話很顛覆我們的既有概念，讓人難以理解。我們都認為聖人應該內外皆白，認為聖人要無私、自律、善、大愛、救濟天下，認為聖人表現出來的一切都是完美的。但是《道德經》卻告訴我們，真正的聖人並不是這樣的至白，而是歸於無極的狀態。

怎樣才能歸於無極的狀態呢？只有在黑和白、善和惡、美和醜、長和短、光明與黑暗……這些對立的陰陽達到平衡的狀態，就是接近無極了。這樣子才是真正的「為天下式」，是真正值得天下人學習的榜樣。

孔子在儒學三綱領告訴我們，「止於至善」是一種修行。如果說善就是白，那麼至善就是純白。如果我們不斷

向著純白去追逐，就會打破平衡，就會變成執著於「白」的偏執者而非聖人。只有黑白平衡的人才能成為全天下的榜樣。因為，只有這樣的人才能真正地歸於無極、才能得到大道；只有這樣的人才能找到那個真，才能真正地返樸歸真。

「恒德不貸」，追求陰陽平衡是真正的德，而且，這種德無窮無盡、循環往復，既不會耗竭，也不會終止。

真正的德，追求的是黑與白的平衡。所以，真正的聖人是：你說他是黑，其實他並不黑；你說他是白，其實他也不白。當你說真正的聖人是白的時候，他隨時會展露黑的那一面。當你說他是黑、他是惡的時候，他那善的一面卻又比誰都廣大。

聖人在什麼狀態或環境展露出哪一面，全都是因勢利導。聖人無常黑，亦無常白。所以，當我們評價一位聖人（得道者）的時候，不可以評價他是個好人、大公無私的人、非常自律的人、非常完美的人、有大愛的人……。你這樣評價一個得道的人，其實就是在誹謗他！因為，你僅僅看到了他的某一面。我們在修道過程中要注意這一點。

謙卑才能保有榮華

【知其榮，守其辱，為天下谷。】「榮」和「辱」是對待人的狀態。「榮」在這裡是尊貴之意，「辱」則是汙穢、侮辱的意思。這句話是說，當我享受尊貴的時候，我也要知道它的背後其實就是鄙視、侮辱與謾罵，這些就是「辱」。

這層意思往外延伸，就是：所以，我要能正確看待所謂的尊貴，不能一味地以名聞利養、榮華富貴、身份尊崇為真，而是要居安思危、居上思危、居富思危、居貴思危。我不會「自是」和「自見」，不會自以為是、自我炫耀。我不會覺得自己有多麼地偉大、光芒四射，也不會高調張揚。反之，當我真正受到了侮辱，被人鄙視、謾罵、否定的時候，我也知道它們的背後仍存在著自信與尊貴。所以不會全然地否定自己、批判自我，也就是不會「自伐」與「自矜」。這就是「知其榮，守其辱」。

真正得道的人能看到外界對自己評價的兩面，所以心能靜下來，真正做到不以物喜、不以己悲。也只有這樣，真正得道的人才能「為天下谷」。

古人用字，「穀」經常與「谷」通用。谷就是最低處。「為天下谷」的意思就是，當我身居高位、富可敵國、受大家追捧的時候還能謙虛卑下，因為我知道這些的背後就是「辱」。我不會讓自己立於萬仞之巔，山再高也有其谷，我永遠居在那山谷當中，甚至，我就是那個山谷。因為只有山谷才能包容一切，山谷包容的不僅僅是讚譽、美名、榮華，也能包容汙垢、廢水、垃圾。

常人如果在現實中有點成就、地位、甚至有點錢了，就變得不堪其辱、，受不了別人瞧不起自己。愈是有錢、愈是有權、愈是有身份的人，愈在乎別人對自己的態度。這樣的人趾高氣揚、自以為是，生怕全天下的人不知道自己是多麼地富裕、有權、有人脈、有智慧、有能力，並希望以此得到大家的尊崇，哪能低得下來呀！然而，一旦放不下身段，又怎能「為天下谷」呢？

但是，那些身居高位、大富大貴以後就不肯低下來而不斷張揚高調的人，最後都沒有好下場。他必是捧得有多高，摔得就有多狠，從天堂直接拉向地獄，永世不得翻身。在世間，只有真正能做到居高位而卑下、富有而謙遜、榮華而低調的人才能長久，因為這樣才符合道。所以，我們要做到「知其榮，守其辱，為天下谷」，為人處世要放大心胸，沉得下來、低得下去，不但有富有貴，還能夠低調謙遜。「為天下谷」這點其實很難做到。

守道才能福德不斷

【為天下谷，恒德乃足，複歸於朴。】「足」是一直充盈，不耗散的樣子。「恒德乃足」意思就是，你永遠都會有這個德。

德與福不離，有德才有福。那麼，這個德要怎樣才能一直充盈，怎樣才能不耗散呢？比如，雖然我身居高位、富可敵國、名揚四海，但卻謙虛卑下，為人處事非常低調；這樣，我的福德就會源源不斷，一直充盈，並能流傳於子孫。這個德不會斷，這就叫做「恒德乃足」。

「複歸於朴」的「樸」，可以理解為質樸之意，也可以解釋成本質。本質就是道，道即是無形，無形才能長久，這才是恆常。

在現實中運用陰陽轉化

【朴散則為器。】樸就是道。樸散，就是道散。成形在這裡稱為「器」。

那麼，道會散到哪裡呢？道以炁（註）的形式存在，無極、無形、無象。太極就是炁，炁散而成形。炁而生氣，後面這個氣就是空氣的氣，到了氣這個階段就已經開始有形了，那就是德。

然後再散，氣聚而成形。成形以後就有了時間的延續，就有了空間的大小。這是有一定規律的，所以這裡寫著「樸散則為器」。

【聖人用則為官長】。聖人會利用成形的東西。究竟是什麼東西成形了？就是道。道是怎麼來的？就是我們不斷地按道的規律來做事：「知其雄、守其雌」；「知其白、守其黑」；「知其榮、守其辱」。持續這樣做，我就能「複歸於嬰兒」、「複歸於無極」、「複歸於朴」。這就產生了道，由道而生氣，氣聚而成形。

＊註：炁，注音ㄑㄧˋ。道教和中醫認為炁是一種像氣體般流動的無形能量，也是人與一切生物的生命能量。氣是實質的，炁則是抽象的。

這個形就是「器」。道而生德，德後生仁，仁後生義，義後有禮，禮後有智，智後有信，這些全都是從道化生出來的「器」。聖人運用這些有形的規矩，也就是德、仁、義、禮、智、信，來作為治理天下的手段。

【夫大制無割。】「大制」是廣大無垠的最高境界的治理。「無割」的意思是，即使聖人在現實中運用這些手段來治理天下，他也不離道的整體呈現，也不離這個道。這個道是什麼呢？無極就是「朴」，也就是嬰兒的那個狀態。

這一章其實還是在講述陰陽的互動和轉化。老子告訴我們在現實中做事的時候該如何回歸於道。又告訴我們如何去利用那些從道、無極生發而出的有形之物，同時又不失去道之本。

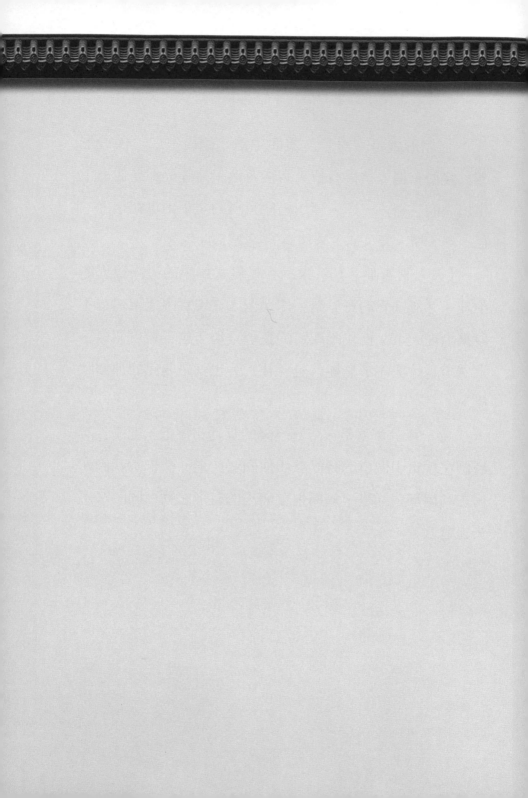

第十章

聖人去甚，去泰，去奢

——《道德經》第二十九章

萬事萬物都在道的引領之下運行。

人不可強取豪奪，

走極端就逆道，是無法長久的。

所以，要順應天道地保持中庸。

第一節　陰陽平衡才能順大道而行

《道德經》第二十九章

【將欲取天下而為之，吾見其弗得已。夫天下神器也，非可為者也，非可執者也。為者敗之，執者失之。物或行或隨，或歔或吹，或強或羸，或載或隳，是以聖人去甚，去泰，去奢。】

本章開頭就提及「天下」與「神器」，其實，這兩個詞都是廣義的概念，泛指世間一切皆受到道的指引與護佑的萬事萬物。實際上，前半段內容闡述的仍是陰陽平衡的道理。聖人在這裡告訴我們兩個要點，一個是隨順，另一個是不要極端。既不要極端於唯一的陽，也不要極端於唯一的陰。要做到陰陽平衡，這才是順大道而行。

想實現目標就別強取

【將欲取天下而為之。】這句說的就是：有意識地要強取天下。「為之」的意思則是，我一定要成為天下之王。

這樣做就不是順了，而是講究「為」。「為」即有形，對人來講就是「有意識地去做某件事」。我要爭奪、佔有天下，這就叫「將欲取天下而為之」。

【吾見其弗得已。】我看見這樣的人，就知道他實現不了、不可能做到。

為什麼這種人會「弗得已」？下一句就開始解釋緣由。

【夫天下神器也，非可為者也，非可執者也。】「天下」涵蓋眾生及萬物。那麼，「神器」又是什麼？天下萬物皆有靈，有靈就是集體潛意識；這個集體潛意識必定按照大道的規則去運行。「器」就是形。「神器」就是神秘、神奇的有形之物。「器」不僅有形且有靈，「神」就是「器」的靈。天下萬物看似都是單獨的個體，但是還有所謂的集體潛意識，這就是「萬物通靈」，也稱為「萬物通神」。「執」就是佔有、控制的意思。

天下萬物皆有神佑，神佑也叫做道佑。佑就是保佑之意。所以，天下只可授，不可取。授是授予，取則是強奪、強取。強奪、強取天下者，會給人間萬物帶來巨大的災難，他自己必定沒有好下場，連他的子孫也要受其災殃。為什

麼？因為他不循道之規，沒有獲得神佑。光覺得自己有能力，認為自己有力量，就可以去強取天下了。這種強取天下的行為就是「有為」，或寫成「為」。

這裡所謂的「天下」是廣義的意思。身為常人，與自己相關的人事物就是我的天下，我努力的目標就是我的天下。

所以，這段話告訴我們做事的原則，怎麼做才能遵循道。我們做事要有目標，要積極努力地去實現目標。那麼，我又該秉持什麼樣的心態和狀態來實現目標呢？

基本上，凡人樹立目標之後都是去強取，強行地實現目標。老子告訴我們，真正想要實現目標，其實是要儘量地放下強取之心。

目標是一定要有的！我們也不能在修了道之後變成沒有目標。有目標，這本身並沒有問題，想要取天下也是沒有問題的。但問題是——怎麼取？凡人之取就是強取。但是，得道之人必是順天應地。天下是有規律的，我們只能順，不能硬幹。

做事成功，得要陰陽配合

【為者敗之，執者失之。】萬事萬物皆有靈，天下就是神器。如果有意識地強行去獲取神器，這就叫做「剛強」。剛強易折，結果就是「為者敗之，執者失之」。

這是什麼道理呢？在現實中一味地去強行爭取，這就過了。萬物皆有靈，靈之上就是神佑。「神」即是天道的呈現。這當中其實還有福德和運氣的因素參雜在內。古今中外的成功者，除了自身艱苦努力、積極進取，還包含了他的運氣在起作用。所以，不一定是最聰明、最有能力、最進取、最堅韌不拔的人才能成功。有很多人非常進取，也特別地有能力，但他卻缺乏好運氣，因此與成功無緣。

那麼，這個運氣又是什麼？是怎麼來的？道分陰陽，缺一不可。我們既不可執著於陰，也不可執著於陽。執著於陽就是在現實中的強取，這裡就叫做「可為」或「可執」。那麼，陽另一面的「陰」呢？陰就是所謂的福德、往世的業力、命和運。

做事成功，必定是陰陽配合。如果完全依靠神佑、靠祈禱，但在現實中不去努力，那就叫做「陽衰」，那一定是不會成功的。不平衡，怎能成功且長久？如果在現實中一味地努力，完全地不在乎神、靈、福德及命運，這樣也不行！陽盛陰衰，同樣也無法成功。

第二節　順應眾生和萬物的秉性

《道德經》在前面已講過很多成組成對的字句，比如，想要做事成功就必須「曲則直」：要達到一個目的，不能一味地沿著直線奔過去。《道德經》第二十九章則告誡我們：「天下神器也」。說全天下的萬物都是接受「神」引領的「器」。意即，萬物之上面還有個「神」。所以，我們不僅要注重現實中的形，還要知道萬物皆有靈並進而敬畏萬事萬物，這就是道。

接下來這幾句內容，就是這個概念的進一步闡述。

順應眾生天性來行事

【物或行或隨，或歔或吹，或強或羸，或載或隳。】

「物」就是眾生和萬物。眾生或萬物都各有秉性。

「或行或隨」，有的喜歡一往直前（「行」），有的喜歡跟隨在別人後面，這就叫做「隨」。「或歔（註）或吹」，

＊註：歔，注音ㄒㄩ，動詞。張口，或由鼻孔出氣。

有的喜歡氣緩，有的喜歡氣急。有的做事可能很慢、有的則很快，有的果斷、有的遲疑。「或強或羸」有的強大，有的羸弱。「載」是安全，「隳（註）」是危險。「或載或隳」，有的特別在意是否安全，有的不怕危險。這就是秉性各有不同。

既然眾生萬物各有其秉性，我們該如何引領它們？

【是以聖人去甚，去泰，去奢。】做事不執著，不能固執，也不要走極端，要靈活地順著眾生的秉性去行事，也就是佛家說的「隨順眾生」。

「甚」、「泰」、「奢」都是極端，意即：不管做什麼事都要做到最好、追求圓滿和完美。但是，真正的完美，要的是整體的完美，要的是一個度。真正掌握好這個度，掌握好平衡，這才是完美。

按照陰陽的概念，完美當中自有不完美。如果沒有不完美，就體現不出完美。所以，完美與不完美是一對矛盾統一體。只有掌握好這對矛盾統一體，我們才能做到平衡和完

＊註：隳，注音ㄏㄨㄟ，動詞。毀壞、損毀。

整，才能成功，才能長久。老子告訴我們要隨順眾生，順應道統，做事要陰陽結合，儘量找到平衡。

要順應道，不可逆道而行

孔子告訴我們，「形而上者謂之道，形而下者謂之器」。如果僅僅知道天下萬物及眾生的形，就以為自己能夠統治眾生，因而一味努力成為天下之王；那麼，你不僅無法成功，最後還會死得很慘。因為你不知天上有靈，不知萬物都是神器，從而不敬畏天地、做事也不按照道的規律，只是一意孤行。

世間的偉人都是聰明人，但都敗在自以為是、自我炫耀。覺得自己是天下之王，以為揮灑自己的聰明和智慧就能統領眾生。這種人不知敬畏、不知收斂、不知收藏，下場往往很慘。

因為，天道有其規律。不管是四季與晝夜，還是日月星辰，全都按照規律去運行。倘若不懂得天道之規，不知敬畏天地萬物，逆著道，最後就會死得很慘。這就是第二十九章對我們的啟迪。

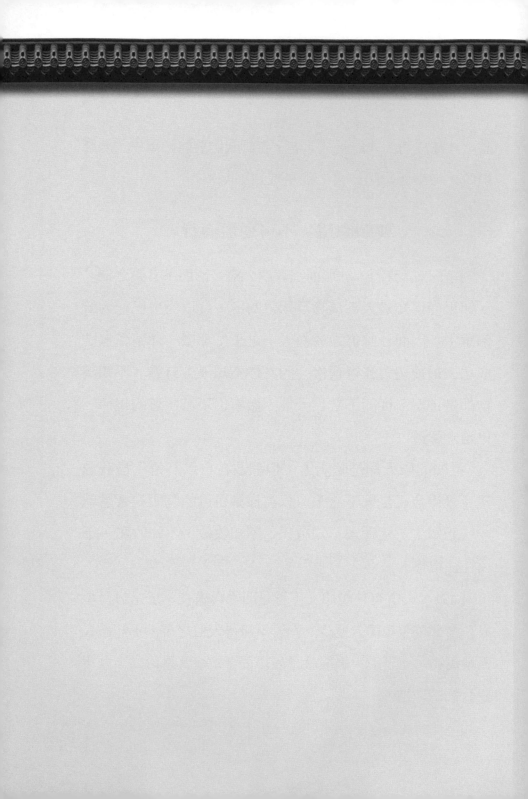

第十一章

人主不以兵強於天下

——《道德經》第三十章

不管做什麼事，強硬手段都是下策。

還有，不管用什麼方式獲致成功，

都要保持自謙，

否則也會招致失敗。

第一節　果而勿伐，果而毋得已

《道德經》第三十章

【以道佐，人主不以兵強於天下，其事好還。師之所居，荊棘生之。善者果而已矣，毋以取強焉。果而勿驕，果而勿矜，果而勿伐，果而毋得已，是謂果而不強。物壯則老，是謂不道，不道早已。】

老子以政權跟武力為例，說明強硬這種極端手法，因為不符合道的規律，是不得已的選擇。真正得道者，該強硬的時候就強硬，該柔和的時候就柔和，而不是一昧地走極端。

暴力政權必亡於暴力

【以道佐，人主不以兵強於天下，其事好還】。這句講君主如何取得天下，對應前一章講的「將欲取天下而為之」。

從字面上來看，「以道佐」的「佐」是輔佐，「道」是道的規律。「以道佐」就是遵循道的規律。「兵」是武力，武力就是暴力。對那些不服從的人就用武力懲罰、殺戮，這就叫「以兵強於天下」。

古今中外，君主多為凡人。對凡人來說，取天下最簡單的方法就是戰爭。但是，戰爭這種手段屬於人之道，也就是上一章說的「為之」。所以這裡講「以道佐」才是掌握天下的主要途徑，其次才是「兵強」。絕不能優先使用暴力、武力。得道者必以道的規律來取天下、治理天下，這叫「以道佐」。除非道不通達，這才改用「兵強」來取天下。

「好還」就是一還一報的意思。所以，「其事好還」就是說，你用什麼來取天下，最後天下就會用什麼奉還你。如果你以暴力得天下，就會因為暴力而亡於天下。綜觀中外歷史，那些以兵、以暴力、以武力來得取天下、治理天下的人，最後也都死於兵、暴力與武力，這就是因果。如果你以道得天下，以道的無為模式來治天下，那麼，你得到的就會是圓滿和長久。

隨順眾生才能無為而治

道無為。那麼，以道怎麼能搆得天下、治天下？其實

《道德經》前面講過很多，比如，「聖人居無為之事，行不言之教」或「為無為而無不治矣」。只要把柔弱與剛強、善與惡、白與黑的關係都處理好，就符合道性了。我們既要有恆常不變之規，讓從上到下的人都去遵守，又要隨機應變、因勢利導，隨順眾生的不同秉性。

無為就是隨順眾生。把規矩、道統、框架定好了，然後自然地運行，讓萬物自己去生長、壯大、終老。這就是「以道」。

但是，該用兵的時候還是要用兵，該殺的時候還是要殺，這是以殺止惡，這就是道。天道運轉，既有盛夏的烈日炎炎，也有秋天的肅殺，冬天甚至會凍死不知深藏、不知躲避的生物。這其實就是恩威並施，但是天不會針對某個、某類、某群眾生，天對待所有眾生都一樣。

所以我們要注意，學道之後不可變成做任何事都柔弱，不可做任何事都只是靜和退。這樣做事是守了陰卻失去陽，不平衡。即使是天，也有懲罰的手段，不僅有烈日，還有霹靂和嚴寒。遇到需要力量的時候，就得狂風暴雨，電閃雷鳴。

順天者生，逆天者亡，這就是道。天不可能總是柔順，不可能總是晴空萬里、豔陽高照。天既有恆常性，又有它的變化性，變在不變之中。天既有雷霆萬鈞，又有細雨春風，這就是道。所以我們學道以後，不可以把剛強的部分全都去除，最後只剩下了陰柔，也不可把不動當成無為，那樣就是不理解道了。

不要輕易用強硬手段

【師之所居，荊棘生之。】這句翻成白話就是，大軍過處必然寸草不生，一片蕭條，就像蝗蟲過境一樣。

大軍一過，必有荒年。所以，不可輕易動用「兵」這種力量！

別輕易動武，別輕易地使用暴力。所謂的「輕易不用」是慎重，而不是「絕對不用」或者沒有「兵」。

我不能以「兵強」去取天下，意思就是不能僅僅靠著暴力和武力來奪取天下，其實，取天下更高明的就是道。但是，我們一定要清楚這點：所謂的道其實並不排斥「兵強」，只是要慎用、要深藏，不要輕易去征戰。一旦大軍

征戰，就會導致民不聊生、生靈塗炭，也就是這裡寫的「荊棘生之」，這就有違天道了。但是，遇到該用兵的時候，就必須得用，絕不能手軟。

天該柔的時候比誰都柔。微風細雨去潤澤萬物，和煦陽光普照、生養大地上的眾生。但是，該冷的時候就要有凜冽寒風，該熱的時候就要有烈日炎炎，該狂風暴雨、電閃雷鳴的時候，就必須有狂風暴雨與閃電鳴雷。

剛強並非唯一途徑

【善者果而已矣，毋以取強焉。】「善者」就是得道者，能夠通達道的人。「果」是目標。「果而已」就是實現目標。「毋以取強焉」的意思就是，實現目標可不是只有用強這條路可走，還有其它很多能夠達到目的、完成使命的途徑。

當然，用強是一種很重要也很直接的手段，但它並非唯一的手段。這就要順應，要因勢利導了。有時候柔弱勝剛強，該柔的時候就要柔。有時候就必須以至剛應萬物，那就得剛強起來。

所以，這段話的意思就是：我們不一定非得用強、用暴力、用武力的方式，還有很多種可能。

驕兵必敗，柔弱勝剛強

【果而勿驕。】當達到了目標、得到了成果，就要「勿驕」。

「自炫」與「自是」都是一種「驕」。感覺自己成了天下第一，居於萬仞之巔。「果而勿驕」就是讓我們獲致成功之後，也不要自以為是、自我炫耀、不要張狂。

【果而勿矜。】當你真正得到了成功，除了不可驕傲，同時也不要過分地矜持和深藏。

【果而勿伐，果而毋得已。】當得到成果、完成目標之後，要保持平常心。既不高揚，又不過分地卑下。要保持一種平衡，即是如如不動之心。

我得到的這個成果，就好像是我迫不得已（「毋得已」）的感覺，並不是我強求得來的。我透過努力得到成功，但我可不是一味地去爭搶和佔有。

我們觀察那些取得巨大成功的人，就會發現他們在取得成功的過程中，有很多迫不得已的時候，也有很多的柔和弱，還受過很多的侮辱和委屈。沒有委屈就不能成全。這句話其實就是這個意思。

歷史上那些太過剛強的英雄，太勇於進取，不願服輸，不肯低頭，結果就是剛者易折。劉邦和項羽就是很典型的對照例子。項羽就是一介武夫，雄、剛強、剛直不阿。項羽不守雌、不知曲、不守柔，所作所為皆不符合道。項羽把一副好牌打成了爛牌，最後兵敗，自刎於烏江。劉邦做事就很符合道。該柔則柔，該順則順，該辱則辱，該強則強，該剛則剛，該雄則雄，該守雌則守雌。

【是謂果而不強。】這句意思就是不要太過強求。強求得到的必使人驕。過度地勉強施予，得到的就是必矜、必伐。我們要注意，不要走這兩個極端。《道德經》告訴我們的都是陰陽如何轉換、互動的規律，我們應該掌握這樣的原則，並應用在各方面。

保有餘地才能長久不衰

【物壯則老，是謂不道，不道早已。】這句是呼應上文的一個總結。「物壯則老」，任何事都有個極限，如果做極端了，物極必反，剛則易折。一味地剛強，一味地進取，不知柔順，不知曲枉，就不符合道的規律，這就稱為「不道」。「不道」在現實中的展現就是：不守道的人做任何事都是一條直線地去做，拼命地走捷徑，一下就達到巔峰，結果就驗證老子這句「不道早已」。因為，不符合道的規律，最後就會早夭，就會過早地破滅。

所以，我們做任何事都要符合道，都要採用80／20法則。做任何事，只要一達到大約80%左右的程度就要停下腳步，讓這個事物永遠不會壯大到極致，以便給後面留個餘地。比如，當財富多到一定程度的時候較要知止，當跌落下去還沒跌到最低點的時候就得奮起反彈。不管是「知止而後有定」或「知止而不怠」，都告訴我們，必須知止才能不衰、才能長久，因為這才符合道的規律。

要做到知止，就需要我們的心力，需要我們認識道的規律，然後按照道的準則去做事，這才能成功、長久。

這就是智慧在現實中的應用，我們要記住「物壯則老，是謂不道，不道早已」這個道理。

第二節　大制無割

我們學《道德經》要記住一點，既不可太執著《道德經》裡頭的章句，又不可以毫不在乎。

其實，《道德經》的語言都是含糊、恍惚，或是模棱兩可的，這就是道語，或叫做道話。道語不是那麼地直白，也不那麼具象。如果太具象了，你就會對每個詞、每段話都去鑽牛角尖，全都要深究其意，那就會很痛苦。

因為《道德經》裡所有的語言都是成對的，每一組都是彼此矛盾的，前面說了後面又否，前面否了後面又讓你去做。這其實就在表達，所謂的整體並不是一條線的。如果你非要去追究其深意，就會需要具象才能明白怎麼做，然後就把整體給分解成了面、再分解成了線，最後就變成所謂的邏輯思維。這樣理解就錯了，這就把道給分裂了。

在似是而非之中領悟天道

先前在《道德經》第二十八曾提過，道即使分裂了仍是可以用的，這就是「朴散則為器，聖人用則為官長，夫大制無割」的意思。

這段話告訴我們，道分解了是可以變成有邏輯的，變成現實中我們可以應用的具體方法或手段。然而，道的整體是「大制無割」，是不可以去割斷，它是有聯繫的。

《道德經》裡全是這種彼此矛盾的話。但這就是道。修道，修的就是一種感覺、一種領悟。我們要在這個似是而非當中去領悟大道的整體性。

道既有恆常不變的規律性，又有隨機應變、因勢利導的特性。恆常不變和隨機應變，變與不變，這就是矛盾的兩面性。我們要統一這個矛盾體，如果太具象了就無法統一。

矛盾就是兩面性，美就是美，惡就是惡，長就是長，短就是短，對立的兩面怎麼統一呢？其實這是一種思維模式，這個思維模式需要的是領悟而不是深究，領悟是一種感受、是一種感覺，所以你要先放下既有的邏輯思維。

但是，沒有邏輯思維也不行！領悟大道需要邏輯思維，且是強大的邏輯思維。但是，如果你太執著強大的邏輯思維了，那又變成離道甚遠。可是，如果離開那個強大的邏輯思維，那又無法感知或運用道……。

學道要靠領悟，而非靠邏輯

《道德經》的內容很多都是前面說了什麼、後面就立即否定前面的內容，如此再三反覆，不合常人邏輯。這就是道。

《道德經》第二十一章描述的「恍呵惚呵，中有物呵，窈呵冥呵，中有精呵」，就是這種狀態。我們要多讀《道德經》，多去感受這種狀態，而不是去思考這種狀態。透過感受，一點一點地形成形象思維的模式。領悟大道，需要有形象思維又不離邏輯思維，有機地結合形象思維的模稜兩可和邏輯思維的精準，這時就會萌生智慧。智慧不是思索出來的，智慧是在深入感受之後有所領悟，然後在那種狀態之下流露出來的，也可以稱為「靈感」。

講到這裡，相信很多人覺得糊塗，感覺腦子不夠用了。為什麼腦子會不夠用？因為你的邏輯性太強！什麼都要找出一個邏輯，邏輯就是一條直線的思維。現在讓你往後返回，從一條直線變成一個圓，你就不知道該怎麼做了。但是，只有變成圓，這條線才能循環往復、輪迴不斷。這才能做到無始無終，包羅萬象。

一條直線，就是只知奔著一個方向前行。但是，你能無窮無盡地往前走嗎？要多大的動力才能支撐你一味地往前走呢？其實，走不遠，力量就沒了。所以，在一定的狀態下，到了一定距離就得返回，這就是道性。

前面講過，道是「大」，道是「逝」，道是「遠」，然後道也是「反」，得返回來。我們從邏輯思維再返回來變成形象思維，然後，在形象思維當中又帶有邏輯思維，從中一點點地去感受這個道。

如果不轉變思維方式，學《道德經》就會愈學愈痛苦，學糊塗了還不知道它在說些什麼。

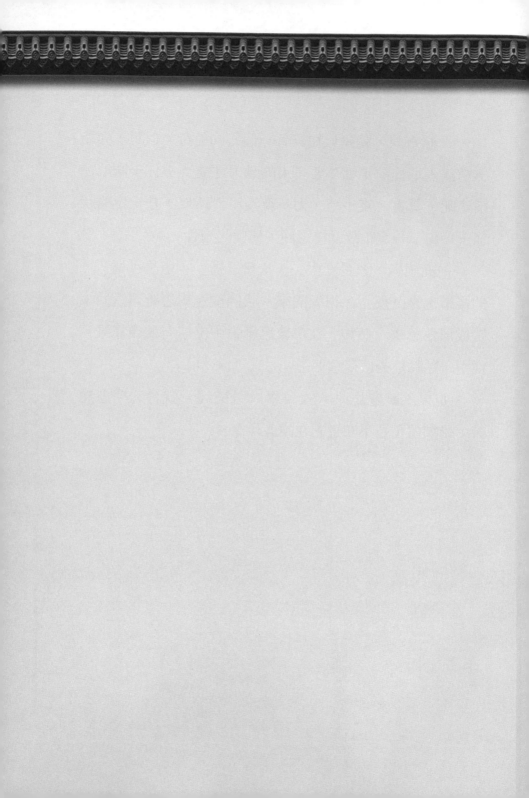

第十二章

兵者不祥之器也

——《道德經》第三十一章

強大無關好壞，而是如何應用的問題。
平時，要在默默地累積力量；
需要時就盡力發揮，一擊命中目標。

第一節　君子弗居，道者弗居

《道德經》第三十一章

【兵者不祥之器也，物或惡之，故有道者弗居。君子居則貴左，用兵則貴右。故兵者非君子之器也，兵者不祥之器也，不得已而用之。銛襲為上，勿美也。若美之，是樂殺人也。夫樂殺人，不可以得志於天下矣。是以吉事上左，喪事上右；是以偏將軍居左，上將軍居右。言以喪禮居之也。殺人眾，以悲哀泣之，戰勝以喪禮處之。】

這章也在講兵、探討暴力、武力，但是這裡改用優先順序的角度來切入陰陽之道。

戰爭與競爭是世間常態

【兵者不祥之器也。】兵者，凶也、暴也，兵是不祥的。戰爭是人類最殘忍的殺戮，讓百姓家破人亡。人類的種種暴行都在戰爭當中揭示得淋漓盡致，所以是「不祥之器」。

【物或惡之，故有道者弗居。】「物」是眾生，眾生即萬物。「物或惡之」，眾生非常厭惡戰爭。

當衝突最後升級為戰爭，造成了大量殺戮，這就與道相違了。但是，歷史上人類的戰爭從沒終止過。動物之間也有戰爭。植物之間還有競爭，為了生存的種種競爭就是植物的戰爭。所以，萬物之間的衝突從沒斷過。

那麼，「有道者弗居」的意思是什麼？字面上的意思就是：得道的人要遠離戰爭，只要和平。

但其實「居」並不是那個意思，「弗居」也並非「不要」。「居」在這裡是指：安於這個、指望這個。「有道者弗居」就是：得道的人不指望這個，這個就是「兵」。真正有道的人佔有天下、成為天下之王，不能只靠用兵、用武力、用暴力。

很多人學《道德經》誤解了這點，學得沒有力量了。要知道，用兵本身不是問題，這是大自然裡面的一種存在。在陰和陽的交替當中，有喜樂、和諧、安詳、發展與壯大的生發之力，同時也有肅殺、收斂、征伐的毀滅之力。修道的人不能捨棄那種肅殺、毀滅之力，只取生長、發育、壯大之力。那樣做就不符合道了。

保有競爭力的同時也要謙遜

「兵者不祥之器也，物或惡之，故有道者弗居。」這句表面在講刀兵不利，但我們千萬可別理解偏了。

《道德經》在這裡其實要強調的是，君子不要一味借助兇殺、暴力，一味就是「長居」。因為，透過兵者得到東西會太快！誰兵強馬壯，想要什麼就直接搶，這是捷徑，用了就容易上癮。所以，許多為人君者非常喜歡用兵，一味地窮兵黷武。不考慮別的方法，只用暴力來做事，這就是此處「居」指涉的問題。

君子弗居，道者弗居。並非意指得道者就不要兵、不要暴力和武力了。其實，人不能一味地呈現柔弱，弱的表面之下還必須有個強。你必須非常地強大，才撐得起那個弱。反之，外強者必定中幹。一味地在表面上展現強大的人，內在必定中虛。因為，他的力量全都發於外、都耗散了，所以支持不了多久。

用兵者輕易不露。但是，輕易不露可不代表沒有兵，輕易不戰可不代表膽怯。「國之重器不可示人」，自己的力量不可經常外露。但，一旦要用的時候，我的速度就要比誰都快，我的刀就要比誰都鋒利，我的兵就要比誰都盛。刀一出鞘，見血即歸，達到目的就馬上收回來。所以，我還是要用刀兵、逞剛強的，但在表面卻要收斂、保持謙遜。這就是道的運用。

只不過，那些尚未得道的眾生往往過分用兵，過分地使用武力與暴力，所以聖人告誡我們要守道之規則。如何在這方面守道之規則？首先就要做到《道德經》第二十九章提過的「去甚、去泰、去奢」，也就是不走極端的意思。

所以，我們千萬不要覺得刀兵不好，就完全捨棄剛強了，這也不行。

第二節　君子居則貴左，用兵則貴右

《道德經》第三十一章勸誡世間的強者，對道要敬畏，對天要敬畏，不要得勢便倡狂、一意孤行、濫殺無辜、為所欲為。

接下來的內容仍以國家軍事為例，繼續闡述陰陽平衡的天道規律。

強大並不適合隨意展露

【君子居則貴左，用兵則貴右。】古人以左為尊，以左為陽；以右為次，以右為卑，以右為陰。所以，從古禮來講要「貴左」，因為居左者尊也（「君子居則貴左」）。

在自己家裡或當社會一片祥和時，就要以左為尊。但是，「用兵則貴右」。為何？因為兵者為強、兵者為大，需要武力與力量的時候怎還能繼續「貴右」呢？

其實，兵者本身就是外露，就是殺氣，殺氣就是純陽。如果純陽居左位，左位也就是陽位，那就是剛上加剛、陽上加陽，那就過了！所以用兵時要知道收斂，守著陰陽平衡之道，這樣的兵才能長久。

這裡面是有智慧的。把最強大的力量隱藏在最深處，這就是道。兵是國之利器，是不可示人的。「居左」就是尊貴，就是陽，而陽代表外顯。你不能把你的兵都炫耀於外，讓人明白你的兵力多麼強大、你的武器多麼厲害。剛者易折，陽盛必亡。那樣做，你就離死不遠了。

一定要讓最重要的力量居陰位而深藏。像是柔、弱、雌、辱、短這些陰性的品行反而要放在尊位，也就是陽位。陽位就是顯示於外的表面。所以，得道者要陰柔、守雌、知辱，把這些陰性的品行顯示於外，同時把強大的、陽剛的力量深藏於內，這就是得道者的思維模式。我們為人做事也要以此為原則，遵循道的規律。

隱藏實力就能陰陽相合

【故兵者非君子之器也，兵者不祥之器也，不得已而用之。】這句話千萬不要理解成：君子（得道者）不要這個兵。

「器」是可以利用的工具與手段，是握在手裡的；既

然「器」被人握在手裡，就代表它會顯示於外。君子並非要排斥、否定這個「兵」，而是不讓「兵」顯露於外。這跟前面那句話其實是同一個道理。「非君子之器也」的真正意思是：所謂的「兵」並不是讓君子（得道者）顯露於外的工具或手段（「器」），君子應該要把「兵」深藏於內。因為，「兵」一旦露出來就會讓人害怕。

有人會問：「讓人害怕不好嗎？害怕不就會對我有了敬畏？」要記住，真正的敬畏並不是來自恐懼。因恐懼產生的敬畏，必然又會因恐懼而產生巨大反彈，那不是真正的敬畏，不是心悅誠服。你用武力去壓制他人，壓得愈深，反彈就愈厲害。就像水一樣。水是天下之至柔，你可以隨便戲弄它、壓迫它；但是，你壓迫得愈深，一旦水反彈，它的力量就會愈大。這就是道。

「兵者不祥之器也」。武力是不祥的手段或工具，你不能總拿武力出來嚇唬人，讓大家恐懼。一旦激起眾生對你的恐懼，你就離死期也不遠了。眾生就像水一樣，水能載舟，亦能覆舟。所以，武力（「兵」）一定得深藏不露，「不得已而用之」。

所以，「兵」不可以無，沒有「兵」你要用什麼？但是，「兵」一定要「不得已而用之」。不到非常時期，不到非用不可的時候，絕不外露自己的力量。一旦兵鋒露出，那就得一擊必中，必須毫無顧慮地直擊對方的致命點，絕不能手軟。只要露出來了，兵鋒所到之處必是片甲不留，否則就不要露。平時露出來的，只能是柔弱、守雌、陰性的這一面，這就是陰陽相合之道。

殺，是不得已的手段

【銛襲為上，勿美也。】「銛」就是銳利。「襲」就是刺入。銳利的刀鋒刺入別人的身體，這叫做「銛襲」。「勿美也」，你別對這種事感覺很美妙，感覺很享受。

這句是什麼意思呢？用鋒利的刀刃刺入別人身體，有時會有快感。看到對方哀求、痛苦，看到對方的恐懼和柔弱，人其實會有征服感，是一種特別爽的快感，感覺自己是主宰，生殺予奪，就像天一樣地高高在上，有些殺人犯會迷戀這種感覺。歷史上有很多這種屠夫式人物，他們以殺人為樂，要的就是這種感覺。

老子這裡在告誡我們，「銛襲為上，勿美也」——不可以沉迷於這種感覺，別因此感到愉悅！

【若美之，是樂殺人也。】如果你沉迷於此，覺得殺人很美妙，那你就是以殺人為樂了（「樂殺人也」）。到這個程度，你已不是為了達成目標去殺人，而是為了享受殺人的樂趣。殺人的樂趣也就是控制的樂趣，是自己成為主宰的樂趣。

【夫樂殺人，不可以得志於天下矣。】想得到天下是你的目標。殺，僅是得到天下的一種手段而已，不是全部。你要知道你的志向是在天下，不是濫殺！殘酷的殺戮能讓你更快地得到天下，但也會造成恐怖。你以暴力、濫殺得到了天下，最後，你和你的子孫都會受此惡報，也被殺戮。同時，你得到的天下也不會長久，很快就會消亡。

歷史上那些採用殺戮手段得到天下的人，沒有一個不早亡的。比如，偉大的成吉思汗帶領蒙古軍隊橫掃歐亞大陸，打造出黃金帝國、四大汗國，領土廣達3500萬平方公里。但是，成吉思汗以殺戮得天下，全世界在蒙古軍隊面前都變得弱小，都必須臣服蒙古。那時候的蒙古人就以殺為樂，殺人如同砍瓜切菜、屠牛宰羊一樣地隨便。雖然蒙古人當時以殺戮得到了天下，但現在去看看蒙古子孫還剩下多少——我們就知道，這就是以殺人為樂、不遵道統、不守道之規律的後果，即使創建了龐大的帝國仍無法長久。

天道有好生之德，所有的「殺」都必是不得已而為之。即使上天給你那個命和運，如果你在應用過程中不遵守天道、濫殺成性、兇殘暴虐；那麼，給你的那些福、命和運很快就會煙消雲散，消耗殆盡，無法留給子孫。這就是不通道法，不通道性的結果。

順應時勢，擇優而定

接下來繼續闡述陰陽的搭配與平衡，進而告訴我們平時在日常生活中如何運用道。

【是以吉事上左，喪事上右。】在日常狀態下，吉利的事、好事，都居左，喪事則居右。左就是陽，右就是陰。

【是以偏將軍居左，上將軍居右。】上將軍主導戰爭。偏將軍居於左方，居於尊位。

照理說，上將軍地位比偏將軍高，為何反而居地位較卑下的右方？前面已講過，右方是陰位。地位尊崇的上將軍是軍中主帥，尊貴就是陽；因為上將軍本身就是最高、最強、最陽的，所以要居陰位，也就是知收藏、知收斂。如果上將軍還居尊位，那就變得過剛、過強了。

【言以喪禮居之也。】戰爭這件事，是要當成吉慶的事來說呢，還是當成喪事來說呢？

我們可不能歡呼雀躍地把戰爭當成喜慶的事。戰爭可不是喜慶的事！戰爭陽剛，但是我們要以喪禮之心待之，這就是陰柔相配。

喪禮莊嚴肅穆，沒人願意去辦喪禮，但是親人離去了不得不辦，這叫「不得已而用之」。我們面對戰爭也得是這樣的態度，一定要非常地慎重，輕易不可為之。

兵者是不祥之物，所以要當成喪禮一樣地對待，也就是居右。若要用兵，也要保持謹慎的態度，「不得已而用之」。但是，一旦動兵了，那就必須鋒芒外露、兇器現前、一擊必勝，否則就絕對不動。這就是道。

【殺人眾，以悲哀泣之，戰勝以喪禮處之。】從戰爭來講，殺愈多人的就愈是英雄，殺人愈多，封賞就愈受。但在這裡卻正好相反，「以悲哀泣之，戰勝以喪禮處之」。戰勝了是凱旋、是光榮。戰勝者可以主宰戰敗者，對其生殺予奪。但是戰勝的一方也不能以歡慶的狀態來看待勝利，而是要知道收斂，不要太高調、張狂。

壓制和收藏的意義不同

其實，這章講的兵者不僅代表戰爭或武力，所以，這章不只與國家軍事有關，更是以治國用兵之道來提醒人該如何修身。

這些內容對修道的人來講很值得借鑒。每個人都有剛強的一面，都有勇武的一面，也有兇殘的一面。這個兵者即是我們心中的黑。每個人的心中都有黑，這就是「力量」。

我們的力量全都來自太極圖中的黑。太極圖中的白是不具力量的。白只會耗散力量，只有黑才能凝聚並發出力量。所以，每個人都是強者，都具有強大的一面，這就是我們的力量。

如果沒有力量，我們在現實中什麼都達不成。那麼，我

們在修身過程中如何看待並運用這種力量？

力量不可壓制，只可收藏。壓制和收藏有什麼區別？壓制力量就是：我認為這種力量不好，所以就不用了。收藏可不同！收藏就是——我接納這種力量，我知道它沒有好壞之分，但我平時也不會以它示人。

我真正有力量的那一面要深藏不露。收藏並非否定，力量就該藏在黑暗處。只要在有需要的時候，力量才會勃然而出。

剛強的東西無法長久，這就是剛強力量的特性。所以，鋒芒一露、力量一出，達到效果就必須立刻深藏鋒芒與力量，這才符合道。

陰柔反而可以外露。像是謙卑、守辱、示短、示弱、柔順這些可以源源不斷地外露。剛強力量的那面就要深深藏起，「不得已而用之」。這就是道。

在掌握治國之道、用兵之道的同時，我們也要來體悟修身之道。然後在體悟修身之道的同時，我們再來感受如何治國、與如何用兵。這就是《道德經》反覆提醒和教導我們的意義所在。

如果我們按照《道德經》提示的規律和標準，一點一點地去做事，在現實中好好地拿捏言行舉止，我們就能知道什麼樣的狀態是符合道的。

我們慢慢去體悟，就能夠一點一點地找到與道同在的感覺。這樣，我們的身心都會有很大的變化。一旦心被改變了，外表就會愈來愈圓融，內心就會愈來愈剛直，我就會愈來愈有力量。這樣就能修成外圓而內方，就接近道，接近於聖人了。

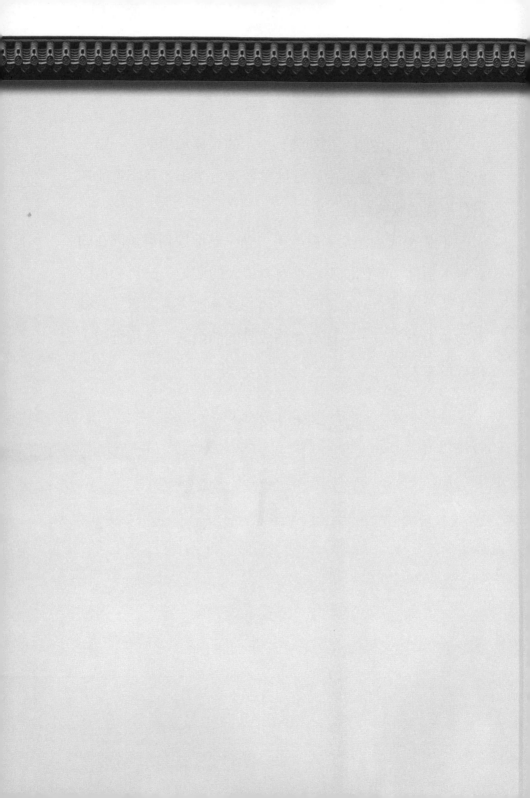

第十三章

知止所以不殆——《道德經》第三十二章

最高明的管理就是無為。
無為並非不作為，
而是建立合理制度，
不走極端地順道而行。

第一節　天地相合，以降甘露

《道德經》第三十二章

【道——恒、無名、朴、唯、小，而天下弗敢臣。侯王若能守之，萬物將自賓。天地相合，以降甘露，民莫之令而自均焉。始制有名，名亦既有，夫亦將知止，知止所以不殆。譬道之在天下，猶川谷之與江海也。】

這章從國家與大自然的角度來講述道的特性，所以也是在論道。

君王治國應仿效道的特性

【道——恒、無名、朴、唯、小。】這裡用了五個詞來描述道。

第一個是「恒」，意指永恆、恆常、無始亦無終。

第二個的「無名」，是不彰顯、無形亦無象、無法定義的意思。其實，一旦定了義就會有侷限。

第三個「朴」意思是，道是最原始、最質樸、最本質的，天地萬物都由道化生出來。

第四個是「唯」，意思就是獨立而不並行，是天下的唯一。

第五個「小」，意思就是最微、最小。微即是妙，微而妙。小到無形無象，根本看不見了，沒有任何事物比道更小；但是宇宙萬事萬有都是道組成的，因其小而成其大。

【而天下弗敢臣。】道是恆常不斷、無名無分，無形無象的，又是特別地微妙、微小。別因為這些特性就輕視道，「天下弗敢臣」誰都不敢驅使或主宰這個道。

【侯王若能守之，萬物將自賓。】「侯王」是諸侯和帝王，也就是人間的統治者。統治者如果能夠守住這種道心，按照道的規律去要求自己，並在現實中去踐行；那麼，「萬物將自賓」。

所謂的「萬物」，就是「侯王」統治範圍內的人、動物和植物。「賓」是客，主人和客人之間的關係是客要尊主。「自賓」意指，自然而然地就會賓服。帝王或諸侯是這片地域的統治者，在他統治範圍內的眾生就會自然地賓服於他、不會自作主張，這就叫做「萬物將自賓」。

統治者要向天去學，要向道的特質去學、去要求自己。這是管理的最高境界，也就是「居無為之事，行不言之教」。

【天地相合，以降甘露。】「天地相合」，有天有地就有陰陽二氣。「相合」就是相生、相互作用、相互消長的意思。這樣自然就產生風雨雷電，「甘露」由此而來。及時雨稱為「甘露」。久旱逢雨、春雨之類都是甘露。甘露可以潤澤大地。天降的甘露是在道的規律之下自然而然地產生的，是天地循其規而運作的結果。

【民莫之令而自均焉。】任何人都不能命令「甘露」，也不需要去命令或主宰「甘露」，「甘露」自然就會知道自己該潤澤哪裡。這就是自然之道！

自然生化的這種潤澤，它就能做到天下無私。天降的「甘露」不會特別照顧某些人，也不會特別無視某些人。「甘露」不分貴賤，也不分有德或無德，天下皆公，這就是大公。

「民莫之令而自均焉」的意思就是：天地運行之道，就是這樣地生養萬物，既沒有重視誰，也沒有輕視誰。

這就是大道！和其光、同其塵，對誰都是一樣。天和地也如此。天普照萬物，澤被萬物。地包容萬物，接納萬物。天地對待萬物都沒有貴賤之分，都沒有善惡之別，是雨露均沾的。

但是，帝王或諸侯王往往會分別善惡，對於那些他看得上的人就特別地照顧或提拔，對於看不上的人則刻意地冷落或打壓，這都不符合天之道。帝王該怎麼做呢？下一句就給了答案。

道看似無為，其實亦有為

【始制有名，名亦既有，夫亦將知止，知止所以不殆。】前面論道，人間帝王應學習道的特性。那麼，在治國、治家這方面，是否就完全無為、什麼都不用做了？這是不對的。道有道的規律，天有天的規律。我們必須先有了規律和規矩，然後在這個框架內，讓萬物自生、自長、自滅。所以這裡才會說「始制有名」。

【民莫之令而自均焉。始制有名。】「始」就是最初的時候，也是國家或企業剛創立的階段。「制」就是規

範、規律、框架、約束，條文。「名」則是所謂的「概念」，得給它立個名目的意思。

以憲法為例，憲法就是一種「名」。憲法之下會有經濟法、刑法等法，然後經濟法、刑法的下面又有各種條文。然後，在這個法律的框架內規定公民應該遵守什麼、職責和義務是什麼、什麼是禁止做的……。遵守法律的人，職責和義務做得好的人，就會受到獎勵、鼓勵。違反法律的人，就會受到懲罰。這就是「始制有名」。在國家剛建立的時候、家庭剛組成的時候、企業剛成立的時候，一定得先制定好這些規範。有了規範就是有了規律，萬物要遵循這個規範，在這個範圍內自生、自長、自滅。

這就是道法。道看似無為，其實亦有為。道看似無形，落了地就會有形。落地的有形之道，就叫做「綱常」，也就是綱領和框架。

這種必須要具備的綱常，屬於「陽」的一面。至於無形無象、看似虛無的道，則屬於「陰」的一面。雖然道中包含萬有，但是，道是無形之物，所以我們無法掌握。道落地之後形成的法律、規範、禮儀，這些都是道的落地應用，是「有形」的，也就是我們可以掌控的。所以，我們可以透過這些「有形」來逆向地實現大道。

有形配無形，就是天地相合

如果，只有虛無縹緲、至高無上的天卻沒有地，這樣也不行！這個地，代表的就是綱常。有形配無形，才能夠「天地相合」。

天地是一組對立的陰陽。天有恆常不變的規律，地則為了適應天而隨時在變化。世間的法令條文與規範，也得根據國家、企業或家庭的狀況來不斷地變更，根據人心的變化不斷地調整。這其實是一種相應的過程，叫做「地之規」。

地之規是有形的。道無形，與道搭配的地則有形，這叫做「天地相合」。只有這個狀態之下，才能降下甘露，才能生養萬物。

第二節　始制有名，名亦既有

很多人認為《道德經》談道，談的就是虛無、無為，什麼都不做。比如，有些老闆、領導本來做事特別勤奮，事必躬親，但是，學了《道德經》之後反而變得什麼都不做，連最基本的規章、制度、禮儀都沒有了。他們以為那樣做就是「無為」。錯了！老子在兩千多年前就預知會有此情況，怕後人在這方面有所誤解，就告訴我們「始制有名」是必須的，是道最基本的呈現。

知止，才能長久

【名亦既有，夫亦將知止，知止所以不殆。】這個「名」就是法律條款、規範、禮儀等框架。整段話的意思就是，雖然必須得具備有形的法律條款、規範、禮儀；但是，一旦定下來之後，就不要再無限地往下去延伸了。因為，一旦有了「名」就會有分別，就定出來了最基本的善惡標準，「名亦既有」：一旦定了「名」。「夫亦將知止」：就不要再無限地往下去延伸。那麼，為何要「知止所以不殆」？因為，有了「名」就會有分別、就會定出最基本的善惡標準——也就是說，統治者告訴百姓該做什麼、不該做什麼。如果到了這階段還不知道停止、繼續往下延伸「名」；那麼，社會將不斷地分別，因而分裂；分裂到一定程度就會變成衝突。講得更淺白些，如果帝王不知止，過分地強調百姓做什麼才是好的，就會促此所有人都奔向那個好，進而杜絕或制止那麼與此對應的惡。這樣子就會把眾生分成兩部分，一部分是守法、守禮、守規矩的人，一部分就是不守法、不守禮、不守規矩的人。愈分別，這兩類人就愈有衝突，發展下去就會演變成殺戮，就會給人間帶來災難。有「名」以後如果不知止，社會就會走向極端，所以我們要掌握這個度。

像是中世紀的歐洲，社會就非常黑暗。因為當時的社會把人分成了兩類，一類是信奉基督教的信徒，一類是不信上帝的異教徒。人們認為信上帝的基督徒才是奔向光明的人，不信上帝的異教徒則是魔鬼的子孫、是投向黑暗的人。這種分別不斷地延展下去，不知止，到後面就發生了十字軍東征，出現各種戰爭，導致生靈塗炭。

所以，老子告訴我們，為了配合大道，必須得有一個「名」的框架，要有律法和禮規，而且大家也必須要去遵守這個框架。沒有這些律法和禮規是不可以的！但是，有律法和禮規就夠了，就不要再去延伸。歷史上那些為期特別短暫的朝代，不外兩種行為導致滅亡。

一種是沒有法規，不約束眾生的本能和本性，這就是無「名」、無「制」的無政府狀態。比如李闖王(註)，他的農民軍戰鬥力很強，攻打下明朝的都城之後就建立自己的政府。但是，李闖王的法制不嚴、禮規不明，所以下屬就按照本性去燒殺搶掠、無惡不作。建國之初沒有建立一套符合天道的法律和禮規，這樣的政府根本無法運行，最後引發天下大亂，很快就敗亡了。

另一種滅國的行為則是法律和禮規過於苛刻，不知應變，這也會導致天下大亂。比如，秦統一六國，建立了強大的秦朝，但只維持十五年就被滅了。因為秦雖有禮規和法制，卻不知止。一味地追求嚴刑峻法，分別心太重。秦

＊註：李闖王即李自成（1606～1645），明末民變領袖之一。崇禎年間，李自成率領起義軍在河南打敗明軍，西元1644年在西安稱帝，建立大順，之後攻破北京，導致崇禎帝自縊，明朝滅亡。

朝壓制百姓壓得太過分了，最後就激起民變。陳勝、吳廣起義，天下皆起。這麼強大的國家，只十五年就滅亡了。

繼起的劉邦，在創立漢朝的時候就吸取秦朝滅亡的教訓，剛建政權之際只是約法三章，以便讓百姓能夠休養生息。大漢只規定好最基本的法，讓百姓不要互相傷害就行了。就因為沒有那麼多的法規，萬民才能自生、自長、自滅。這種狀態就符合道。

法律和禮規是必須要有的，但，也是有個框架就行了。統治者就守著這個框架，讓百姓各自安養生息。這就是「知止所以不殆」。這樣做，陰陽才能相對平衡，道和綱常才能相互作用。這叫做「天地相合」。只有「天地相合」了，才能降下甘露。所以，知止才能符合大道之理，才能循環往復，才能長久。治國、治家、治理企業，都是這個理！

順天，才能成其運

【譬道之在天下，猶川谷之與江海也。】這句話講述治國之道，說明大道是如何在天下運行的。這裡用了溪流一詞來比喻百姓，以江海寓意國家政權。

河谷裡面是溪流，「川谷」就是山澗小溪的意思。所有的溪澗最後都會流歸江海。百川歸海是自然的一個趨勢，不需人去有意地做什麼，全天下的溪澗就都會流到海洋，這就是一個大的規範。有這個大的規範就夠了，不要再去管溪澗要怎麼走，就讓溪澗自然而然地流動。

如此一來，溪澗就認為它是自己做主，是自己生成和發展的，然後就會自行決定要匯入哪條江、哪片海。溪澗不知道實際上還有個天地在控制自己溪澗覺得它就是自己的主人，沒有任何束縛，想怎樣就怎樣。雖然小溪不知道它的上面還有一個大的理、大的框架、大的規範，但是溪澗仍要符合這個規範。只不過，在這個規範底下，溪澗是歡快的。這就叫做「順天」。

順天才能成其運，做事才能順。逆天者必亡。如果溪流逆著天，不按照規律來，它很快就會乾涸了。人生在世，我們和道之間的關係也是如此。

第三十二章就從這個角度再次講解了道的特性，以及我們在現實中該如何運用道去修身、治家、治國。

第十四章

知人者智也，自知者明也

——《道德經》第三十三章

知己知彼，百戰百勝。

然而，自知比知人更難。

若能自知，就能掌握內外平衡，

進而順道而獲致長久。

第一節　修身養生、昇華圓滿

《道德經》第三十三章

【知人者智也，自知者明也；勝人者有力也，自勝者強也；知足者富也，強行者有志也；不失其所者久也，死而不亡者壽也。】

這章講修身之道，教導我們如何在道的規範之下修養自己，進而讓自己得以昇華、提高、超越。

重與靜，是知人的前提

【知人者智也。】所謂的「知人」，就是識人、善於觀察別人的意思。「知人者」必善於觀察他人，不善於觀察他人就永遠都不可能知人。那麼，什麼樣的人才善於觀察他人呢？就是不自以為是、不居高自傲、不自我炫耀的人。

人如果自以為是、居高自傲、自我炫耀，就一定不會去觀察別人。因為這種人只知道表現自我，不會想去理解他人感受。這種人隨時隨地想的就是如何把自己最好的姿態、形象與才能全都展現給別人看。這類人就不符合道的智慧。他永遠都不可能去觀察別人，因而就永遠都不可能知人。

真正善於觀察，進而了解別人的優缺點，能這麼做的人必能靜下來、穩得下來，也就是前面提過的「重」。所謂的「重」就是知道收斂。像是把自己的才能、光芒、鋒芒都深藏起來，這就是一種「重」的實踐。只有善於深藏的人才能做到「重」和「靜」，既不妄作，也不會過度地自我表現。人對外無所求的時候，自然就會靜下來。

前面講過「重為輕之根，靜為趮之君」。掌握了根本，就能掌握主宰（「君」）。所以我們要克制住自以為是、居高自傲、向外炫耀的心態，這樣就能重得下來、靜得下來，就能成為自己的主宰。也只有這樣，我才能夠真正地觀察別人，而且會愈觀察愈有領悟，然後就會看得愈深愈透。「重」和「靜」就是知人的前提。

兼具出世與入世的智慧

「知人者智也」這有一定的智慧。但是，只知道別人僅僅是世間的小智。俗話說「知己知彼，百戰不殆」。這

個「知彼」就是知人的意思。但是，比「知彼」更重要的其實是「知己」，也就是接下來的這句「自知者明也」。

【自知者明也。】這裡的「明」是玄明、高明、聖明或妙明的意思。「明」就是光明，有光明才能驅除心中迷霧。只有「明」了，心中才會不惑。所以，「明」的狀態就是：既具備世間的小智，同時也具備出世間的大智慧。

所有的修行都在追求「明」這個境界。佛法講開悟：「一念覺明」，一旦明瞭就悟了。不過，這裡悟的對象已超出俗世，超然於物外了。「明」是一種昇華，是一種超越。怎樣才能做到自知呢？首先還是得靜下來。

無欲就能靜，就能剛強

外六塵(註)與內五欲(註)干擾你，你的心就會隨外境而動，被欲望役使，心就靜不下來。怎樣才能靜下心來？

＊註：外六塵為佛教用語，意指色聲香味觸法，因為它們會像塵埃一樣地汙染情識，因而被冠以「塵」字。色塵，眼睛看到的。聲塵，語言跟聲音。香塵，氣味。味塵，味道。觸塵，觸覺。法塵，因為前面五塵所產生了分別好壞的意識。

＊註：內五欲為佛教用語，意指財、色、名、食、睡這五種欲望。

就要做到不以物喜，不被外界的境所牽引。比如，外界的榮華富貴是我想要的，五災八難是我害怕的，其實，這些我愛的和我怕的都會牽引我。五欲即是財、色、名、食、睡，五毒即是貪、嗔、癡、慢、疑，這些是在內部牽引我、役使我的。我必須要超脫外境與內欲的迷惑，才能靜得下來。無欲則剛，無所求則強。所謂的剛，就是能夠找回真的自我，秉持自己本性。

徹底了解自我才能圓滿

上述這些都是修行，都是有基礎的、有順序的。修自知，首先就要真正地靜下來，然後才能向內觀照。

其實，人最不願面對的就是內心深處最真實的自我。人對於返觀內心這件事是極恐懼的。知人容易、看透別人很容易。因為我們都有嚮往或期待，希望看透任何人。但若說到看透自己，就沒有幾個人敢了，那需要極大的勇氣。

真正的大智慧者，是能夠超越人這個概念的，所以才能夠昇華。修道不是向上去求，昇華並不是飄到了虛空。所謂的昇華指的並不是現實世界。真正的昇華反而是向內走，進入內在的精神境界。要瞭解自我，必須向內求才能做到自知。而向內走又有無數層面，愈向內，境界就愈高遠。

所以，真正的成佛並不是說俗世之外有個佛淨土，而是深深地向內去觀照、去修行。破了欲界，就能達到色界；破了色界，就能進入無色界；破了無色界，才能再進入菩薩界，最後才能進入佛界。無餘涅槃，指的就是向內修行達到終點，這就叫做「圓滿」。

修行必須逆向地修

真正的佛就是最透徹瞭知自我的人。「自知者明」，所以佛都是正大光明的，而且「明」到極處。佛能把自身以外那個廣闊的有形宇宙，以及自己內在那個深遠的心靈空間和精神層次，全都看得清清楚楚、一目了然，這叫做「明」。

所以，修行一定要向內修。但是，現今人類的科技都在向外求，比如，探索自然、探索宇宙。順者成人，逆者成仙。順，就是順著人的本性和欲望，每個人都想擁有愈多就愈好。在欲望的驅使下，人類在發展科技的路上不斷地向外走。大家都認為，我佔領了未知的空間，這些擴大的範圍就是我佔領和主宰的。

在西元15至17世紀之間，西方世界出現了大航海時代，歐洲人利用船堅炮利去探索整個地球的未知領域，然後將這些新世界全都佔領下來。這就是由於貪欲而不斷地向外求。

然後，人類又發現地球原來只是一顆小星球，於是就開始向宇宙進行探索。美其名曰探索，其實就是現代版的大航海時代。第一個到月球的人，馬上就在月球表面插上一面國旗，意味自己國家已佔領月球這個新世界。現在，人類又拼命地要去火星，等將來登上了火星，想必又會覺得火星就是自己的了。

人類展示的力量和科技愈來愈強大，不斷地探索、佔領愈來愈大的空間。但是，這其實僅僅是向外探索。但是，人類忘了同時也要向內探索。因為，愈是向外求，人類內心就會愈空虛、愈墮落。貪欲就永無止境地驅使我們向外去探索、佔領、掠奪。

所有的修行都必須逆向而行，逆著這種佔有的欲望，

克制貪、嗔、癡、慢、疑，然後向內走。內心愈清靜才能愈向內，欲望愈淡泊才能愈向內。真正的遠，並不是向外探索了多遠的宇宙，而是向內有多深、有多遠。非寧靜無以致遠，非淡泊無以明志。這就是修行之路，叫做「逆行之路」。

人人都向外探索，只有修道的人向內。所以，老子在前面章節講修道者就是異於眾生。「眾人熙熙，若饗於大牢，若春登臺」，眾生如同奔赴盛宴、如同早春郊遊一樣地，全都奔著欲望而去。眾生有著極大的期待，要去滿足欲望，所以心花怒放、歡欣雀躍，是那種興奮的心態。但是，修道者反而形單影隻，處於孤、獨、寡的狀態。

眾生向外求，修道者不跟他們去爭，只是靜靜地向內去尋找，只有這樣才能達到自知的境界

知人是向外，自知就必須向內。自知的過程其實就是一個修行的過程。修道者要逆眾生之所求、所願、所期待，要逆其道而行才能做到自知，自知者才能明。

戰勝自己比戰勝他人更難

【勝人者有力也，自勝者強也。】這裡探討的是外和內這組陰陽對立。

「力」就是力量。力和強是兩個不同的概念，強者未必會表現出外形的有力。力量、力氣表現在形體和外在，屬於外在的東西。

「勝人者有力也」：能夠戰勝別人的，就是有力量的人。這種戰鬥是向外的。但是，能夠戰勝自己的人才是真正的強大——「自勝者強也」。

強者是否有力？那是一定的。強者大也，真正的強者怎可能沒有力量呢？但是，這種強者可不一定在外形表現出強大的力量。要知道，有時候示弱、忍辱，反而是剛強的表現。

這就是道的哲學，任何事物必有反向的作用。即使力量再大，也必有窮竭的時候。發出最大的力量的時候，其實自身就達到了至虛的極點。如果一味地向外要去戰勝別人，最後必會因為自身的虛弱而崩潰。看似最強大的軍隊或國家，都是從內部瓦解的；因為，愈想把強大表現於外，內

部就愈會不斷地耗散。所以，力大者不強。而且，強大者的力量也不一定展示於外。

不積蓄，再強大也會耗散

這句「勝人者有力也，自勝者強也」說的其實也是修身之道。

大道若水，水時而至剛、無堅不摧，時而至柔、任人戲耍。水的特性就符合道。所以，千萬不要一味地向外去跟別人競爭、比拼，就算是百戰百勝，總有敗亡的那一天。量再大，也總有耗盡的時候。有形之物，必須知止。

前面章節曾講過做任何事情都得知止，到了一定程度的時候就得收斂。尤其是真正的力量，更要收斂、深藏。力量以積蓄為主，而不是有了力量，就天天想著怎麼用出去。

按照道的規律，我雖有力量，但是，外在就要表現柔弱、忍辱，且受得了挫折、磨難和委屈。百折而不撓才是真正的強大。當需要發揮力量的時候，由於我已經積累了非常強大的力量，故能一擊即中。然後，達到目的就馬上收斂。

中國歷史上的大英雄項羽，力拔山兮氣蓋世（註），單手就能舉起千斤之鼎，力量非常強大。秦朝滅亡之後，項羽成了權勢最大的軍閥，他自立為西楚霸王，當時可說是百戰百勝，勇冠三軍。反觀項羽的對手劉邦，當時則是百戰百敗，只知道一味示弱。但劉邦這個人百折不撓，歷經重重磨難和屈辱，終於在垓下之戰打敗項羽。項羽的一生就只敗這一仗，劉邦一生就只贏過項羽這一仗，但是，光憑這一仗就夠了。項羽那無窮的力量耗散了多年，到最後就力盡而疲。劉邦則是積蓄了多年的力量，在最後的關鍵時刻，趁項羽最虛弱之際一招致命。所以，項羽雖是勝人者，勝人者必須具備有力量的條件，但項羽不知收斂也不懂深藏，這就不符合道的規律。

自勝，與自己比較的不爭

所以我們修道要超越和昇華。如果天天跟別人比較，總想要勝人一籌，這就是凡夫。凡夫就只知道追逐財、色、名、食、睡，在貪欲的驅使之下不斷地跟別人比較、去壓制

＊註：此句出自《垓下歌》。項羽（西元前232年至前202年）出身貴族，秦末隨叔父項梁起義，秦滅了就自立為西楚霸王，與平民出身的劉邦互爭天下。但之後項羽就節節敗退，被逼至垓下自刎身亡。傳說《垓下歌》是項羽的絕命詞。

別人。在內心欲望的役使下，不斷地去跟別人競爭，這就是「勝人者有力也」，這是凡夫所為。

修道者應該放下欲望，不爭世間的名聞利養，不成為欲望的奴隸。我們身為修道者，就必須要清靜、要少私寡欲。只有不爭才能無憂。不爭，世間煩惱就能放下一大半。我知道自己想要的是昇華、是超越，而不是低層次的榮華富貴，不是低層次的生理上的享樂。那些都是過眼雲煙，短暫的享樂之後帶來的就是無窮盡的痛苦。我要的是長樂，是昇華和圓滿，也可以說是一種永存的狀態，這就是「解脫生死」。

那麼，怎麼才能獲得昇華、圓滿、解脫生死的長樂呢？不爭而爭。

所謂的不爭，就是不跟別人去競爭名聞利養、榮華富貴。我們要爭的是不斷地昇華自己的境界、思想、心靈。

苟日新，日日新，日新而月異。今天的我和昨天相比有什麼變化？這個月的我和上個月相比有什麼變化？我們要向自己去爭，而且要大爭特爭，這就是「自勝」。

如果今天的我和上個月或上一年相比並沒有任何變

化，這就不叫「勝」了。如果現在的我和上個月或者上一年相比更墮落，煩惱更多，更加痛苦和迷茫，愈活愈不如從前，這就是「敗」。

我們要理解修道這方面的爭與不爭，要放下在物質世界的爭，要去戰勝自己。所以，真正修道的人就是要異於眾生，從起心動念到思維模式、行為模式，全都要異於常人。這就是「逆者成仙」。

踏上修道之路，就要開始放下與外面的人的競爭，真正地轉變方向，變得善於觀察自己，這叫做「自知」。

然後就要自己和自己去比、自己和自己去爭。我是否愈來愈少私寡欲了？我的心是不是愈來愈清靜了？我對世間物欲是否愈來愈淡泊了呢？我能否愈來愈放下世間的名？我能否愈來愈不在意世間人對我的讚譽、尊崇、奉承或誹謗、汙蔑？我能不能把分別心放得愈來愈輕？這些都是自己跟自己比，觀察今日的自己和昨天相比有無進步。

讓物欲與性靈達成平衡

雖然「逆者成仙」不容易做到，但做法其實很簡單！

我們就只比較兩個方面，一方面是物欲的我，一方面是精神的我。物欲和精神，就是我的一體兩面。世間眾生完全被物欲牽引，不知甚至也不想精神昇華。所以，凡人在滾滾紅塵中痛苦不堪、煎熬不斷，根源就在物質與心靈的嚴重失衡。

我們修行要儘量放下並看輕物欲，儘量追求精神上的昇華與圓滿。但是，我們也不能就因此視物欲為敵人。所謂的放下，並不代表徹底不要。仇視、排斥物欲也是不行的。因為，那樣的話就又太過執著、癡迷於精神領域的昇華了。在內心徹底割裂物欲和精神，這也不符合道。

現在的世人都太癡迷於物欲了，精神領域已經完全漆黑一片，沒有任何光明，這是人類整體的問題。所以，真正修道的人要從自身做起，做到物欲和精神的平衡。物欲是我們生存與繁衍的根本，修道的人可以有物欲，但不要過度。同時，我們也要把昇華精神，點燃心中的光明，至少要達到物欲與精神一半一半的程度，這就「平衡」了。

不爭、無為，才最強大！

老子在「知人者智也，自知者明也；勝人者有力也，自勝者強也」這段話告訴我們，什麼是真正的強大。不爭、無為就是最強大的！

所謂的不爭，並非不爭，而是說：別去跟別人競逐那些外在的名利。

無為跟不爭其實都是同一個意思。因為，世人的一切「有為」不過都是爭名奪利，而且還都以是否得到名利來作為成功的標準。我們修道就要放下這樣的標準，要將往外的競爭轉為向內求的自我認知、改變自我。而我做的這一切又是其他人看不見的，所以，在他人眼中看到的我就是不爭、就是無為。

我們要好好理解「自勝者強也」這句話。真正的強大就是「明」和「強」，我們修道要往這個方向前行。

第二節　知足者富也，強行者有志也

《道德經》的理非常地深，對我們現實中的修身、治家、治國都有巨大的指導意義。接下來的內容，關於「比較」的議題，就從內外的爭與不爭，轉向凡人知足與否，以及修道人的精進。

富有與貧窮都只是感受

【知足者富也】。這裡的「富」不僅指財富。人因財而富，財僅是富的一種形式，並不是全部。

那麼，財富的標準是什麼呢？如果去請教窮人和富人，我們就會發現一個有趣的現象。當你採訪一個每天勤奮工作但積蓄很少的人，問他「你覺得你有錢嗎？」他有可能會很開心地告訴你「我有錢。」因為他的標準就是一日三餐能有保證，工作穩定，月月有收入，還有存款。雖然那個存款很少，但人家就是覺得滿足。當你採訪一個身家上億的富翁，他有可能會認為自己沒多少錢，算不上富有。他可能會覺得自己只擁有豪車與豪宅，但別的富豪還擁有飛機，他還在為買飛機而努力著。他也可能是因為想投資一個專案，但資金還不夠，因此相當焦慮，覺得自己很缺錢。

如果你去觀察，人有時是愈富有就愈焦慮，沒錢的人反而自我感覺還挺好的。這種現象比比皆是。有些人有房有車，天天還在期盼著自己什麼時候能發財，但是，他在別人眼中已經算是很有錢了。所以，富與貧其實並沒有一個標準，都是從比較中得來的感受。

只往上比，就永遠感覺不足

當你向外比較的時候，隨著階段不同，你的參考對象也在不斷改變。比如，你當年上大學的時候，如果同班同學的零用錢都是每個月一百元，但你是一個月五百元，你的感覺就是自己在同學當中是最有錢的。有錢，就是比較而來的一種感覺。等大家都出社會工作了，又開始跟同儕去比較工資和職位。混得好或不好，感受全是從比較而來。

當你有了十億美元，你當然不可能再跟普通的白領階級去比。你的比較對象就會隨提升，改與同類的富豪去比。如果你看到別人賺錢的速度比自己快，就會覺得自己窮、不

如別人。其實這種比較這就是人性，就是一種貪欲，與別人相比，看誰佔有的更多。而且，人永遠都想往上去比，很少有往下去比的。

天天往上去比的人一定是憂鬱、煩惱、痛苦的，這跟他自己擁有多少沒有關係。每個人的幸福程度，和自身擁有多少財富和名聲並沒有對等關係。因為，所謂的幸福與否其實都是透過比較而來的感覺。

只往下比，就會忘記要進取

反觀那些善於往下比的人，反而都是快樂的，這就是「比上不足，比下有餘」。當你有幾萬存款，去跟那些戶頭裡只有幾千元甚至完全無積蓄的人去比，你會覺得很開心。但如果往上去比，就會應了山外有山、人外有人這句老話，你永遠都不如人，那你就不會感到幸福。

有人會問：「那我們應該往下比，還是往上比？往上比，我不是才會積極努力嗎？如果往下比的話，我是不是就不用再去奮進了？」其實，不管往上比還是往下比，都是凡人的行為。

天天往下比，雖然很開心快樂，但是，這種快樂不過是建立在虛無的基礎之上。天天就剩下開心了，進取精神就會消亡，進而導致快樂的基礎就不穩。天天往上比，雖然能促使自己天都去努力，但是，因為自己永遠都比不過別人，所以就會焦慮。即使生活再優越，事業再成功，就因為不知足而導致內心痛苦。

只有凡人才熱衷比較

所以，不管往哪個方向去比都不符合道，但是，凡人就只有這兩種選擇。得道者才不會跟別人去比，他只跟自己比！尤其在財富、權力等物欲方面，得道者絕不會去跟別人或跟自己比，這是最重要的關鍵。

我怎麼才能夠在現實中擁有幸福感？老子這裡說「知足者富也」，這句就是知足者常樂的意思。

滿足當下的狀態，這就是富。富其實就是一種心態，真正的富並不是透過比較而來的。知足的意思就是不跟任何人比較，而是滿足於現狀、平衡自己的心態。

「知足者富也」並不是修道者的狀態，這樣做仍是凡

人。其實，凡人能做到這一點就很好了，這樣就不會陷入焦慮和痛苦，不管擁有多少自己都能保持內心平靜。但是，任何事情都有兩面性，知足的人能保持心態的平穩。但是，人一旦幸福感很強了，但就不會去積極進取。這就是凡人，要了一面就會失去另一面。

那麼，修道者應該怎麼做？老子接下來就說了這句：「強行者有志也」。

強行，就是日日新的內省

【強行者有志也。】這句回到修道有關的議題：修道的人到底該知足還是不該知足？

「強行」，如果從字面來解釋，就是勉強而為之、奮力而為之。但是我們不能這樣來理解。這裡的「強」就是「自勝者強也」的那個強。「行」就是行為。「強行」的意思就是：我就向著「強」這個方向努力地去做，這才是真正的「有志」。「志」是大願、志向。

那麼，修道的人到底該知足還是不該知足？其實，對修道的人來說，並不存在所謂知足不知足的問題。只有凡人才會針對物質世界的貧富而感到知足或不知足。修道的人則是「自勝者強也」。修道的人每天修行，比較的不是財富、權勢或虛榮，比較的是自己能否做到苟日新、日日新、日新月異。這才叫做「強行」。這樣的志向才是正確而高遠的志向。

這句「強行者有志也」不可從字面去解釋，而是要從「自知」與「自勝」的角度來理解。修道的人要放下對物質世界的追求，轉而往內在追求精神的昇華和超越，這才是正確的志向，這就是「有志也」。

身會死，只有真我永留存

接下來談的就是修道的境界與高度了。

修行的高境界就是「明」，也就是前面講過的「自知者明也」、「自勝者強也」與「強行者有志也」，這是我們想要的大智慧。要是有了大智慧，就能得到成功。這個成功，不僅僅是在現實中的名利，也包含了我們能在實現大願及正確而高遠的志向的路上，能做到久、長遠、不間斷、不放棄。

那麼，怎樣才能做到「明」呢？就要「不失其所」。

【不失其所者久也，死而不亡者壽也。】「所」，從字面來理解就是居所。從修身的角度來講，這個居所代表的就是身體，真正的我就住在身體這個房子裡。「久」是恆久、持續的的意思。壽而不亡，久而不斷。

那麼，如何才能夠長久？長久就是不亡，這裡不是指這付身軀的長久，而是指那個真我的長久。《道德經》第六章提過的「穀神不死，是謂玄牝。玄牝之門，是謂天地之根。」這個「穀神」才能真正的長久。

怎樣才能找到這個不死的「穀神」？不明、不強、無志就找不到穀神。我們每天不斷地修行，就是儘量去做到「自知者明也」、「自勝者強也」、「強行者有志也」。

「自知」、「自勝」、「強行」都指向這個身體，透過身體往內去找。當你找到了那個「穀神」（也就是真我），就能夠長久、恆久。

所謂「不失其所」就是時時刻刻不離這個身體，這才是「長生久視之門」。所以，「不失其所」、「自知者明」、「自勝者強」，全都是透過自身來不斷地向內省視，不斷地向內觀察，不斷地向內去改變。這就是真正能夠長生久視的根本！

這句「不失其所者久也，死而不亡者壽也」總結了第三十三章前面的內容，告訴我們要放下跟別人的比較，回頭來跟自己比。

觀察自己，叫做「明」。戰勝自己，叫做「強」。每天堅韌不拔地做這兩件事，就叫做「志」。堅持不懈地做下去，就叫做「久」。

「不失其所者久也，死而不亡者壽也。」即使對這個身體再下更多功夫，我們總有一天會因為死亡而導致身體消滅，因此無法「久」。

其實，這個身體是「假」也是「外」，它僅是「借假修真」的工具。我只有透過這個「假」才能不斷去深修、觀察與更新，才能找到那個「穀神」。只有「穀神」這個真我才是不死不滅的。即使沒了身體這個形體，穀神仍不死，真我仍常在，這就是「死而不亡者壽」的意思。

我們現在只知有這個身體的假我，根本就不知道還有那個「穀神」、那個真我。我們每天不知道要向內修，不

知道要向內觀察，不知道要去改變自我。改變和觀察就是認知「穀神」的一個過程。你愈認識「穀神」，愈知道就愈能感到它，修到後面就能與「穀神」同在了。當你真的與那個「穀神」（真我）同在，即使形體已消滅，但你其實並沒有死，這時才叫做「壽」。這就是「長生久視之道」，也就是解脫了生死的大自在。

強行，是修行的正道

修身要放下和外人的比較，放下對物欲的追逐，把心放在「自知」和「自勝」這兩件是，並由此入門。我若能清靜、少私寡欲，也就是放下跟人爭，放下有為，就能安於愚樸。修道要時時跟自己比較，向內心深處去觀察自我。如果我愈清靜，就愈能瞭解自己，愈能感受那種發自內心的精神改變。我愈豁達，心量就愈寬大，格局就愈高遠，我也就愈能超然於物外。

「強行者有志也」，我的志向就是與道同在，解脫生死、得大自在。道是永恆的，只要做事都符合道之規律，與道同在，也就跟著永恆了。這才是真正的修行入門之道。

第三十三章對修身養生、修道的昇華與圓滿，有著非常重大的指導意義，大家要好好領悟。

筆記 notes

筆記 notes

明公啟示錄

范明公解密 道德經 ③

——從帛書《老子》看順道而行的成功學智慧

作者／范明公
出版贊助／一妄
文字編輯／張華承
執行編輯／李寶怡
封面及版型設計／廖又頤
美術編輯／廖又頤
企畫選書人／賈俊國

總編輯／賈俊國
副總編輯／蘇士尹
編輯／高懿萩
行銷企畫／張莉滎、蕭羽猜、黃欣

發 行 人／何飛鵬
法 律 顧 問／元禾法律事務所王子文律師
出 版／布克文化出版事業部
台北市中山區民生東路二段 141 號 8 樓
電話:(02)2500-7008 傳真:(02)2502-7676
Email:sbooker.service@cite.com.tw
發 行／英屬蓋曼群島商家庭傳媒股份有限公司城邦分公司
台北市中山區民生東路二段 141 號 2 樓
書虫客服服務專線:(02)2500-7718;2500-7719
24 小時傳真專線:(02)2500-1990;2500-1991
劃撥帳號:19863813;戶名:書虫股份有限公司
讀者服務信箱:service@readingclub.com.tw
香港發行所／城邦(香港)出版集團有限公司
香港灣仔駱克道 193 號東超商業中心 1 樓
電話:+852-2508-6231 傳真:+852-2578-9337
Email:hkcite@biznetvigator.com
馬新發行所／城邦(馬新)出版集團 Cité (M) Sdn. Bhd.
41, Jalan Radin Anum, Bandar Baru Sri Petaling,
57000 Kuala Lumpur, Malaysia
電話:+603- 9057-8822 傳真:+603- 9057-6622
Email: cite@cite.com.my
印 刷／韋懋實業有限公司
初 版／2022 年 04 月
定 價／新台幣 300 元
ISBN／978-626-7126-09-7
EISBN／978-626-7126-10-3(EPUB)